Schriftenreihe des Archivs für
Urheber-, Film-, Funk- und Theaterrecht (UFITA)
begründet von Prof. Dr. Georg Roeber
herausgegeben von
Prof. Dr. Manfred Rehbinder
Institut für Urheber- und Medienrecht, München
Band 100

Jürgen Becker (Hg.)

# Musik im Film

VI. Münchner Symposion zum Film- und Medienrecht
am 26. Juni 1992

Nomos Verlagsgesellschaft
Baden-Baden 1993

Die Deutsche Bibliothek – CIP-Einheitsaufnahme

**Musik im Film** / VI. Münchner Symposion zum Film- und Medienrecht am 26. Juni 1992. Jürgen Becker (Hg.). – 1. Aufl. – Baden-Baden : Nomos Verl.-Ges., 1993
(Schriftenreihe des Archivs für Urheber-, Film-, Funk- und Theaterrecht (UFITA); Bd. 100)
ISBN 3-7890-2828-2
NE: Becker, Jürgen [Hrsg.]; Münchner Symposium zum Film- und Medienrecht <06, 1992>;
GT

1. Auflage 1993

# Inhaltsverzeichnis

# Vorwort

Zu dem Thema *»Musik im Film«* veranstaltete im Rahmen des Münchner Filmfestes 1992 das Institut für Urheber- und Medienrecht in Zusammenarbeit mit der Hochschule für Fernsehen und Film und der Internationale Münchner Filmwochen GmbH am 26. Juni 1992 im Großen Sitzungssaal des Europäischen Patentamts das VI. Symposion zum Film- und Medienrecht. Die Auswahl des Themas sowie die wissenschaftliche Begleitung wurde besorgt von den Herren Dr. Harald Heker, Dr. Albrecht Hesse, Dr. Johannes Kreile, Dr. Rolf Moser und Dr. Matthias Schwarz. Die Diskussion der ganztägigen Veranstaltung wurde geleitet von Professor Dr. Reinhold Kreile, Generaldirektor und Vorstand der GEMA. Besonderer Dank gilt der Bayerischen Staatsregierung, die die Vorbereitung und Durchführung des Symposions finanziell unterstützt hat.
Im vorliegenden 100. Band der UFITA-Schriftenreihe werden die Referate der Veranstaltung zum Zwecke der Auswertung vorgestellt. Die Reihenfolge der Vorträge sowie die Vortragsform wurden bei der Drucklegung beibehalten.

J. B.

*Johann Böhm*

# Grußwort

Bereits zum zweiten Male habe ich heute die Ehre und das Vergnügen, beim Münchner Symposion zum Film- und Medienrecht ein Grußwort zu sprechen. Dies freut mich umso mehr, als sich die Symposien des Instituts für Urheber- und Medienrecht wohltuend aus der inzwischen fast nicht mehr überschaubaren Zahl medienpolitischer und medienrechtlicher Veranstaltungen herausheben. Ein erlesenes und fachkundiges Publikum, aktuelle und interessante Themen sowie eine angenehme Atmosphäre hier in den Räumen des Europäischen Partentamts tragen dazu gleichermaßen bei.
Zu Ihrer Tagung heiße ich Sie alle in der Hauptstadt des Medienlandes Bayern recht herzlich willkommen und überbringe Ihnen die besten Wünsche der Bayerischen Staatsregierung. Dem Institut für Urheber- und Medienrecht danke ich, daß es der Tradition, sein jährliches Symposion in München abzuhalten, treu bleibt. Es setzt mit dieser Veranstaltung den Auftakt für zwei film- und medienpolitische Wochen in der bayerischen Landeshauptstadt.
Morgen beginnt unweit von hier im Kulturzentrum am Gasteig das Filmfest München, das in diesem Jahr seinen zehnten Geburtstag feiern kann. Mit hundert Filmpremieren und vielen Begleitveranstaltungen für Filmfachleute und Cineasten ist es ein »Muß« für alle, die mit Film und Kino zu tun haben.
Vom 7. bis zum 10. Juli öffnet dann unter dem Namen MediaNet auf dem Münchner Messegelände der Internationale Medienmarkt München seine Tore. Dieser Markt audiovisueller und elektronischer Medien für die Kultur- und Bildungsarbeit im weitesten Sinne führt Produzenten, Fernsehveranstalter mit Anwendern und Interessenten aus dem Kultur- und Bildungsbereich zusammen.
Beide Veranstaltungen sind Bestandteil des Medienförderungsprogramms der Bayerischen Staatsregierung. Wir setzen damit einen medienpolitischen Schwerpunkt für anspruchsvolle und qualitativ hochwertige Angebote in Film, Fernsehen und Video. Ich glaube, daß dies gerade in Zeiten, in denen - mit Recht - öffentlich sehr kritisch über die Inhalte mancher Filme und Fernsehprogramme diskutiert wird, sehr wichtig ist. Medienpolitik darf

nicht nur Standortpolitik sein, sondern muß sich auch mit den über die Medien vermittelten Inhalten auseinandersetzen.
Ich begrüße es, daß Sie heute über ein Thema beraten wollen, das in der Medienwelt zwar allgegenwärtig ist, bisher aber vielleicht zu wenig Beachtung in der Medienpolitik gefunden hat. Die Filmmusik - oder, wie es im Programm heißt, »Musik im Film« - ist für den Betrachter von Kino- oder Fernsehfilmen ein ganz wesentlicher Bestandteil. Filmmusik ist eine dem Geschehen, den Bildern und den Szenen des Films immanente Qualität, die Effekte setzt, visuelle Wirkungen verstärkt und die Emotionen des Publikums kanalisiert. Würde sie fehlen, würde ein Film weltfern, ja vielleicht sogar gespenstisch anmuten.
Gleichwohl wird über die Musik im Film - mit wenigen Ausnahmen, die die Regel bestätigen - kaum diskutiert. Man spricht vom Produzenten, vom Regisseur, von den Hauptdarstellern - selten aber vom Komponisten. Dabei ist die Musik ein ganz entscheidender Faktor, um die Handlungen im Film plastischer und nachvollziehbar zu machen. Gefühle wie Freude, Angst, Spannung oder Erheiterung können durch die Musik verstärkt, wenn nicht sogar erzeugt werden.
Die Bayerische Staatsregierung unterstützt Bemühungen, der Filmmusik zu mehr Beachtung zu verhelfen. In den Richtlinien des Bayerischen Filmpreises ist ausdrücklich vorgesehen, daß Einzelpreise für künstlerische Leistungen insbesondere auch im Bereich »Filmmusik« vergeben werden können.
Ich freue mich sehr, daß der erste und bisher (leider) einzige Preisträger eines Bayerischen Filmpreises für Filmmusik - Herr Professor Dr. Norbert Jürgen Schneider - heute unter uns ist und zu Ihnen sprechen wird. Er erhielt im Jahre 1990 den Preis für die Musik zum Film »Rama dama«. Die Filmpreis-Jury attestierte ihm, daß er mit seiner Musik »Stimmungen schafft, die das Geschehen spannend kontrastrieren oder aber es emotional verstärken«. Er habe »auf besondere Weise zur Wirkung des Films beigetragen«. So, meine Damen und Herren, soll Filmmusik sein!
Aber auch bei der Ausbildung der Film- und Fernsehschaffenden sollte die Filmmusik mehr Beachtung finden. Es gibt in Bayern Bestrebungen, der Filmmusik im Hochschulleben einen festen Platz einzuräumen - sei es bei der Hochschule für Fernsehen und Film oder bei der Hochschule für Musik. Ich stehe solchen Überlegungen wegen der Bedeutung der Filmmusik aufgeschlossen gegenüber, auch wenn mich die Haushaltslage und die derzeit laufenden Haushaltsverhandlungen daran hindern, hier konkretere Zusagen zu machen.

Sie befassen sich - wie ich dem Programm entnehmen konnte - heute in erster Linie mit den urheberrechtlichen und verwertungsrechtlichen Fragen der Filmmusik. Dieser Aspekt ist für den Schöpfer und Gestalter von Filmmusik von herausragender Bedeutung. Verschafft er ihm doch die finanzielle Basis und die wirtschaftliche Unabhängigkeit für seine kreative Arbeit.
Wie Sie wissen, unterliegt das Urheberrecht der Gesetzgebungskompetenz des Bundes. Ich glaube auch, daß sich unser Deutsches Urheberrechtsgesetz - vor allem nach der Novelle von 1990 - durchaus sehen lassen kann. Sollten Sie allerdings bei Ihren Beratungen für den Bereich der Filmmusik einen Handlungsbedraf aufdecken, fänden Sie für wichtige Anliegen sicher bei der Bayerischen Staatsregierung stets einen aufgeschlossenen Ansprechpartner.

Dem Beginn Ihrer Sach- und Fachgespräche möchte ich nun nicht länger im Wege stehen. Ich wünsche dem VI. Münchner Symposion zum Film- und Medienrecht einen erfolgreichen Verlauf und Ihnen allen interessante Vorträge, fruchtbare Diskussionen und einen recht angenehmen Aufenthalt in München.

*Jürgen Becker*

# Einführung

Wer Filme macht weiß, durch welche juristischen Untiefen er gehen muß, bevor die ersten Bilder über die Leinwand flimmern. Die Rechtsprobleme, die im Zusammenhang mit einer Filmproduktion auftreten, sind so vielfältig, daß sie von einem Juristen allein kaum noch beherrscht werden, sondern daß ganze Stäbe hochqualifizierter Anwälte damit beschäftigt sind, das juristische Haus für eine Filmproduktion zu zimmern. Angesichts des immensen finanziellen Engagements und der damit verbundenen wirtschaftlichen Risiken ist dies mehr als verständlich.

Aber wie beim Hausbau, so sind auch beim Film nach dessen Fertigstellung die Rechtsprobleme selten beendet. Ganz im Gegenteil, nach Abschluß der Dreharbeiten übernehmen häufig die Juristen noch einmal die Regie. Ja selbst Jahrzehnte nach seiner Fertigstellung ist der Klassiker »Asphalt Jungle« des amerikanischen Regisseurs John Huston wieder zum Objekt eines interessanten Rechtsstreits geworden, der sich um die Frage dreht, ob eine zeitgerechte Auswertung auf dem internationalen Filmemarkt mittels angeblich vom Publikum gewünschter Kolorierung gegen das »droit moral«, d.h. gegen das Urheberpersönlichkeitsrecht, verstößt[1].

Andere, weniger bekannte Techniken zur Veränderung fertiggestellter Filme sind aus urheberrechtlicher Sicht nicht weniger umstritten: dazu zählt das »cutting« (Herausschneiden von Filmteilen), »adding« (Hinzufügen von Filmteilen), »time compression« (Laufzeitverkürzung) und »time expansion« (Laufzeitverlängerung) - auch »lexiconning« genannt - sowie das »panning and scanning« (Formatanpassung)[2].

An diesen und an anderen Beispielen wird deutlich, daß sich an einem Film, der Gegenstand eines hoch differenzierten, künstlerisch-kreativen Schöpfungsprozesses ist, bevor er »geboren« wird und solange er »lebt«, stets von neuem Rechtsfragen entzünden können, die bis vor die höchsten Gerichte getragen werden. Die Filmmusik spielt dabei, wie wir heute sehen

1 Vgl. dazu ausführlich Urteil Cour d'appel de Paris vom 6. Juli 1989 (GRUR Int. 1989, S. 937 ff.) und Urteil Cour de cassation vom 28. Mai 1991 (GRUR Int. 1992, S. 304).

2 Vgl. *Silke von Lewinski* und *Thomas Dreier*, Kolorierung von Filmen, Laufzeitänderung und Formatanpassung: Urheberrecht als Bollwerk?, in: GRUR Int. 1989, S. 635 ff.

werden, nicht selten eine Hauptrolle. Die Darsteller, die dabei zusammentreffen, werden durch die Referenten unseres heutigen Symposions repräsentiert: Komponisten, Produzenten, Verleger, das Fernsehen, die Zweitauswerter und auch die GEMA.
Bei der internationalen Verflechtung des Filmemarktes versteht es sich, daß bei jedem Rechtsstreit die Grenzen der nationalen Rechtsordnungen durchstoßen werden. Ohne Übertreibung kann behauptet werden, daß an einer Filmproduktion alle Grundsatzfragen des nationalen und internationalen Urheberrechts, Privatrechts, Kartellrechts, Gesellschaftsrechts und Steuerrechts - gleichsam wie durch ein Brennglas - auf einmal aufblitzen können.
Mit unseren juristischen Begleitveranstaltungen zum Münchner Filmfest, die wir heuer zum sechsten Mal durchführen, haben wir uns die Aufgabe gestellt, Kernbereiche einer Rechtspraxis zu behandeln, die bei der juristischen Absicherung der Kulturschaffenden auf dem Gebiet des Films oder anderer Medien von Bedeutung sind.

Dazu gehört natürlich auch unserer heutiges Thema

MUSIK IM FILM.

Vor der hier versammelten Fachwelt zögere ich als Jurist, über die beiden Kunstformen Film und Musik zu reflektieren, die, wenn sie sich vereinen, im gar nicht seltenen Idealfall, zum Gesamtkunstwerk verschmelzen, dessen Zauber oft Millionen Menschen auf der ganzen Welt erliegen.
Aber aus bekannten Gründen darf der Jurist auch hier nicht kneifen, denn auch, oder gerade beim Thema »Musik im Film« gilt die gern zitierte Kant'sche Maxime, daß alle Erkenntnis mit Anschauung - und angesichts des heutigen Themas möchte ich hinzufügen Anhörung - anfängt, von da zu Begriffen geht und in Ideen endigt.
Wirkung und Funktion der Musik im Film sind bekannt: Sie prägt ganz entscheidend den schöpferischen Gehalt des Filmwerkes. Die Musik besitzt unbestritten die Fähigkeit, die Wahrnehmung und Interpretation einer Filmhandlung zu steuern, Musik kann aber auch das Filmgenre kennzeichnen, Musik ist in der Lage, die Filmhandlung zu strukturieren und zu interpretieren und schließlich beeinflußt sie das Verständnis und die Interpretation einzelner Filmszenen[3].

3 Vgl. *Hans-Bernd Brosius / Hans Matthias Kepplinger,* Der Einfluß von Musik auf die Wahrnehmung und Interpretation einer symbolisierten Filmhandlung, in: Rundfunk und Fernsehen 1991, S. 487 ff.

Herr Professor Schneider, Wissenschaftler und Komponist, wird uns hierzu überraschende Einblicke vermitteln.

Ein Film ohne Musik ist nahezu undenkbar. Über ihr künstlerisch, schöpferisches Gewicht sowie ihren Beitrag zum wirtschaftlichen Erfolg eines Films sollte Konsens bestehen. Angesichts der Entwicklungen auf dem Gebiet der Bildtonträger kann man sich vielleicht aber auch Musik ohne Film bald nicht mehr vorstellen. Bei der engen Verbindung, die beide Medien eingehen, fällt es jedenfalls häufig schwer festzustellen, wem von beiden der Löwenanteil am Erfolg der »Werksgesamtheit« gebührt. Die Beispiele sind Legion: Denken Sie nur an »Der dritte Mann«, »Doktor Schiwago«, »Love Story«, »Spiel mir das Lied vom Tod«, »Das Boot«, etc., etc.

Solange sich die am Erfolg Beteiligten nicht streiten, kann die Frage auf sich beruhen. Entsteht Streit, und der ist, wie die hier versammelten Insider wissen, nicht selten, dann kann es schon darauf ankommen, wie z.B. Filmregisseur und Filmmusik-Komponist bei der endgültigen Fassung des Films und beim Zusammenfügen von Bild und Ton zusammengewirkt haben. War es so, daß z.B. eine wichtige Szene aus dem Film erst nach Fertigstellung der Musik gedreht worden ist, weil man sich ganz bewußt von der Musik hat leiten lassen wollen, oder ist bei den Dreharbeiten die Musik abgespielt worden, damit die Schauspieler ihre Bewegungen darauf abstimmen und sich der Fluß der Handlung nach dem Thema der Musik richten konnte? Dann ist vermutlich auch im Rechtssinne ein Gesamtkunstwerk entstanden, das die daran Beteiligten für die Zukunft eng zusammenschweißt[4]. Von Herrn Dr. Moser werden wir dazu ein Beispiel hören, das erst jüngst vom OLG München entschieden wurde.

Aus der Fülle der Rechtsprobleme, die aus dem Zusammenfügen von Musik und Film entstehen können, leuchtet damit nur ein einziges auf.

Zu den großen Herausforderungen an den analytisch-juristischen Verstand gehört auch die durch neue Techniken bedingte Medienexplosion, die neue Nutzungsarten und daraus erwachsende neue Nutzungsrechte hervorgebracht hat. Neue technische Auswertungsmöglichkeiten haben für Musik und Film auch neue künstlerische und wirtschaftliche Entwicklungen eingeleitet: Auf dem audiovisuellen Gebiet hat dies zur Entwicklung vom Kinofilm über das Fernsehen hin zum Video geführt. Aber es sind nicht nur neue Nutzungsarten hinzugekommen, sondern diese haben sich noch weiter untergliedert: Kino, Fernsehen und Video sind heute nur noch Oberbegriffe.

4 Vgl. Urteil des LG München I vom 12. Januar 1989, Az.: 7 O 3532/87 in dem Rechtsstreit des Komponisten *Riziero Ortolani* gegen Bavaria Atelier GmbH.

Die Rechtsfragen z.B. für Produzenten, Videonutzer und GEMA sind - wie wir heute erfahren werden - nicht einfacher geworden. Beim Fernsehen muß z.B. zwischen den Nutzungsmöglichkeiten durch Kabel, Satellit und terrestrisches Fernsehen unterschieden werden, beim Video zwischen Kaufkassetten, Videoverleih und Videoherstellung durch privates Kopieren. All das hat für die Musik und den Film rechtliche Konsequenzen.
Schon auf dem ersten Symposion zum Film- und Medienrecht, das wir 1987 zu Ehren des Juristen und Filmproduzenten Prof. Wolf Schwarz veranstaltet haben, der damit zu den Gründern dieser Veranstaltungsreihe zählt, hat der Altmeister des deutschen Filmrechts, Horst von Hartlieb, die Folgen der Differenzierung der Nutzungsarten und der sich daraus ergebenden Nutzungsrechte aufgezeigt:
»Auf dem Gebiet des Films z.B. benötigte der Produzent früher für die Auswertung seines Films einen Vertrieb, einen Verleih und einen Filmtheaterbesitzer. Jetzt treten neben den Vertrieb und Verleih für das Kino ein besonderer Vertrieb und Verleih für Video und selbstverständlich wieder andere Partner für die Fernsehausstrahlung des betreffenden Films. Die neuen Nutzungsarten bringen also nicht nur neue Rechte, sondern auch neue Partner. Es ist aber nicht nur das Problem der starken Differenzierung nach Rechten und Partnern, sondern es kommt ein weiteres hinzu, nämlich die individuelle und kollektive Wahrnehmung der Rechte. Während früher bei den audiovisuellen Medien die individuelle Auswertung im Mittelpunkt stand, ist es heute aufgrund der technischen Bedingungen notwendig geworden, manche Rechte kollektiv zu verwerten.«[5] Wir werden uns darüber unterhalten müssen. Aber jetzt schon sei hier erinnert an die Rechte aus der privaten Vervielfältigung gem. §§ 53 und 54 UrhG sowie aus dem Video-Verleih gem. § 27 UrhG.
Den Referenten des heutigen Symposions wird es, frei nach Horst *von Hartlieb,* kaum gelingen, aus dem »Dschungel der Nutzungsrechte« mit der »Machete des analytischen juristischen Verstandes« Lösungen zu finden, die aus dem Dickicht herausführen. Wir haben uns aber das Ziel gesetzt, die bei der Verbindung von Film und Musik auftretenden Rechtsprobleme, schwerpunktartig aus dem Blickwinkel unserer jeweiligen Berufspraxis zu beleuchten und dabei vielleicht auch in der Diskussion die eine oder andere Lösungsmöglichkeit aufzuzeigen. Wir sind uns bewußt, daß wir uns in der vorgegebenen Zeit den Problemen nur annähern können, wir aber Denkan-

5 *Horst von Hartlieb,* Die Auswirkungen der Kündigung eines Lizenzvertrages, in: *Manfred Rehbinder* (Hrsg.) Beiträge zum Film- und Medienrecht, 1988, S. 121 f.

stöße geben wollen für weitergehende Analysen und Diskussionen, die dem Rechtsfrieden auf einem Gebiet dienen sollen, auf dem es auf die Kreativität der schöpferischen Menschen stärker ankommen sollte, als auf den Einfallsreichtum der Juristen.

*Norbert Jürgen Schneider*

# ›Filmmusik‹ aus der Sicht eines Komponisten

Filmmusik ist angewandte Musikpsychologie. Das wissen die Macher von Werbe- und Industriefilmen schon lange und geben deshalb mit Abstand größere Summen für das akustische Design ihrer audiovisuellen Produkte aus als etwa das öffentlich-rechtliche Fernsehen. Im täglichen Fernsehbetrieb genießt Musik eher das Ansehen von einem netten und unterhaltenden Zusatz zu den Bildern. Es fehlt hier das Bewußtsein, daß hier ›knallhart‹ Sympathie erzeugt, Einschaltquoten erhöht oder emotionale Verdichtung bewerkstelligt werden kann. Filmmusik gerät im Fernsehbereich auch zunehmend in die Hände von Archivmusikverlagen oder Unterhaltsungskomponisten, wodurch sie zur Hintergrundmusik mit Oberflächlichkeit und Beliebigkeit wird. Das professionelle Wissen um den gezielten Einsatz von Musik (vor allem von bildsynchron komponierter Musik) geht zunehmend verloren. Wer jedoch über die Wirkungen von Musik, von Rhythmen, Intervallen, den vegetativen Begleiterscheinungen und dem Zusammenspiel von Schnitt und Musik Bescheid weiß, der kann wirkungsästhetisch manipulieren. Dies ist ein vorrangiges Ziel von Filmmusik.

## *Das Hören und das Gehirn*

Wer sich um Musikpsychologie kümmert, sollte zuerst den Wesensunterschied von Auge und Ohr beziehungsweise von Sehen und Hören erfassen. Film und Fernsehen als audiovisuelle Medien enthalten diese zwei Formen der Wahrnehmung in elementarster Weise. Andere Sinneswahrnehmungen wie Riechen, Schmecken und Spüren (taktile Reize auf der Haut und Körperoberfläche) können audiovisuell nicht vermittelt werden, das sollte man sich als Filmemacher auch immer vergegenwärtigen.
Das Auge ist in unserer Videokultur (lat. »video« = ich sehe) mit ihren allgegenwärtigen Bildmonitoren ein überstrapaziertes und überschätztes Sinnesorgan, das - sozialgeschichtlich - zuerst bei Arbeit und Jagd, später in der gesamten Berufswelt unserer Leistungsgesellschaft beherrschend wurde. Das Ohr hingegen ist weniger in der Arbeitswelt als in zwischen-

menschlichen Beziehungen, bei Gefühlsverständigung und in der Kunst von Bedeutung. Das läßt sich durch eine einfache Beschreibung der Sinnesorgane und ihrer Arbeitsweise veranschaulichen: Das Auge ist durch seine Beweglichkeit ein gerichtetes, gezielt einsetzbares, verschließbares und aktives Sinnesorgan. Es vermittelt gestaltkräftige und präzise Informationen über ein Objekt, das sich in Distanz befindet. Das Ohr ist demgegenüber passiv, unbeweglich, kaum gerichtet und nicht verschließbar. Es vermittelt (abgesehen vom Sonderfall beim Lesen begrifflicher Wortsprache) gestaltschwache, diffuse und eher ganzheitliche Informationen.

Das Auge ist hochdifferenziert und mit dem Gehirn über Millionen von Neuronen verbunden (Übertragungskapazität : 100 Millionen bit pro Sekunde); es arbeitet in einem Frequenzbereich von etwa 6 Billionen Hertz.

Das Ohr hat eine geringere Übertragungskapazität und arbeitet in einem Frequenzbereich von nur 16 bis 20.000 Hertz. Während das Auge vorwiegend für das präzise Gestalterkennen, also für das Denken, zuständig ist, wird dem Ohr eher das Erfassen ganzheitlicher Eindrücke zuerteilt. Deshalb ist es physiologisch mit dem für das Emotionale und Affektive zuständigen Stammhirn (zum Beispiel mit dem Thalamus und dem limbischen System) verknüpft. Diese Teile des Gehirns sind entwicklungsgeschichtlich älter (und damit zentraler, archetypischer, tiefenwirkender) als das für das Sehen zuständige Großhirn. Das Stammhirn, mit dem Musik in so hohem Maße verbunden ist, regelt im menschlichen Organismus die Triebe und vegetativen Reaktionen. Musik geht daher ›ins Blut‹, ›in den Bauch‹, ›unter die Haut‹. Die Verschaltung von Musik mit dem Vegetativum ist so stark, daß beim Musikhören die Beta-Wellen in den nach unten führenden Nervenbahnen blockiert werden und dadurch z.B. Schmerzunempfindlichkeit erzeugt werden kann. Bei Operationen (bis hin zur Blindarmentfernung) und Zahnbehandlung wird dieses vegetative Phänomen medizinisch genutzt.

Während Seh-Informationen sich also eher auf das Großhirn auswirken und meist nüchtern-sachlich verarbeitet werden, lösen die Hörinformationen unmittelbar körperliche Reaktionen aus. Die Neurophysiologie hat in diesem Bereich schon seit Jahren genaueste Meßmethoden entwickelt und kann nachweisen, daß Musik die Atmung, die Frequenz von Herzschlag und Pulsschlag, den Tonus der Gefäßmuskulatur (entspannende Musik weitet die Gefäße und löst Durchblutung bzw. ein Wärmeempfinden aus), den galvanischen Hautwiderstand der Körperoberfläche und die EEG-Ströme im Gehirn verändern kann.

Bei Lautstärken unter 65 Phon, also bis zur oberen Zimmerlautstärke kann man sich willentlich gegen diese vegetativen Körperreaktionen wehren. Bei Lautstärken über 65 Phon (in Live-Konzerten, Diskotheken, bei Blasmusiken) hilft kein rationales Sich-Wehren: Der Körper wird zum Opfer der musikalischen Manipulation. Hierin liegt ein wenig beachteter, jedoch wesentlicher Unterschied von Fernseh- und Kinoästhetik. Kino mit seinen großen Lautstärken bis 120 Phon ist demagogischer/manipulativer als das Fernsehen, dessen Lautstärke unter 65 Phon immer einen nur sachlichen/analytischen Zugang zu dem Gezeigten erlaubt.

*Das affektive Gedächtnis*

Da Musik unbewußt wirken kann und direkt mit den Emotionszentralen des Stimmhirns - unter Umgehung des bewußten/denkenden Großhirns - verschaltet ist, eignet sich Musik vorzüglich dazu, Stimmungen und Gefühle zu »ettikettieren«. Man spricht hier vom »affektiven Gedächtnis«: Dinge werden im Großhirn besser erinnert (abgerufen), wenn sie mit einem Gefühlswert, mit einem Affekt gespeichert worden sind.
Das Gedächtnis ist kein emotionsloser Computer, sondern ein emotionspsychologisches Phänomen: Der Abruf gespeicherter Daten gelingt viel leichter, wenn die Gefühlswerte, die bei der Speicherung eines Wissens wesentlich waren, wieder wachgerufen werden. Mittel, um bestimmte vergangene Gefühle wieder hervorzurufen, waren neben der Musik seit alters her auch Gerüche: der Weihrauch der Kirchen oder östliche Räucherstäbchen sind bekannte Hilfen, um das, was früher in Gegenwart solcher Gerüche gedacht und gespeichert worden ist, zurückzuholen. Auch in der zwischenmenschlichen Kommunikation sind heute noch immer die Gerüche ein entscheidendes Sympathie- und Wiedererkennungsmerkmal . . . Dies ist - wie das Funktionieren von Filmmusik! - den meisten Menschen beim kommunikativen Vorgang gar nicht bewußt, weil man sich beim Sprechen z.B. auf den optischen und sprachlichen Ausdruck konzentriert. Allenfalls nach dem kommunikativen Akt bleibt ein diffuses Gefühl des ›ich konnte ihn nicht riechen‹! Mit Parfüms wird das menschliche Riechen strategisch manipuliert. Das Parfüm einer Frau konzentriert den heterosexuellen Mann auf die Erlebnisse mit dieser Frau, so oft er mit diesem Geruch konfrontiert wird.
Die Dramaturgie des Films funktioniert in derselben unbewußten Weise: Eine wichtige Filmsituation oder eine Person wird mittels Musik »parfümiert«, also emotional ettikettiert. Im späteren Filmverlauf kann durch Wiederauftreten derselben Musik an diese Situation oder Person erinnert werden. Bisweilen wurde Musik als »affektives Gedächtnis« mechanistisch angewandt, vor allem in der sogenannten Leitmotivtechnik. Das stereotype

Einsetzen von Leitmotiven veranlaßte Igor Strawinsky (der sämtliche Filmmusikangebote Hollywoods ausgeschlagen hatte) zu der bissigen Bemerkung, die Filmleute bedienten sich der Musik, um Gefühlsregungen zu erzeugen, und verwendeten sie wie ein Parfüm, das gewisse Erregungen hervorrufen sollte.

### *Die analogen und die digitalen Gehirnfunktionen*

Der Wesensunterschied von Auge und Ohr ist auch mit dem Unterschied von linker und rechter Hemisphäre des Gehirns (das heißt der mehr analytisch-sachlich und der mehr ganzheitlichen Hirnhälfte) erfaßbar. Ferner spiegelt er sich auch im Begriffspaar der analogen und der digitalen Information: Digital sind die eindeutig zuordbaren Informationen. Analog sind die ganzheitlichen »als wie« - Informationen, ein Film besteht aus digitalen Anteilen (eindeutige Bildinhalte, Schriftsymbole, Wortsprache mit ihren eindeutigen Begriffen), die eher dem Intellekt und dem Denken entsprechen; und aus analogen Anteilen (allgemeine Atmos, Farbwerte, Musik, Tonfarbe beim Sprechen), die eher das Fühlen ansprechen. Viele der analogen Faktoren von Kommunikation können filmisch (d.h. mittels der technischen Möglichkeiten von Kamera und Mikrophon) nicht wiedergegeben werden: zum Beispiel Gerüche, Hitze, Luftdruck und -feuchtigkeit. Sollen diese Bestandteile im Film jedoch fühlbar sein, so ist die analog/ganzheitliche Musik das geeignetste Mittel, um diese klimatischen Gefühlswerte zu repräsentieren.
Einseitige digitale Informationen ermüdet durch die ständige Rationalität. Ein guter, publikumsorientierter Film wechselt deshalb in rhythmisch sinnvoller Weise zwischen der Betonung analoger und digitaler Anteile: Nach mehr sachlichen und handlungsdarstellenden Passagen mit präzisen Informationen hat eine eher lyrische und stimmungsvertiefende Passage zu folgen (entsprechend der klassischen Folge »Rezitativ und Arie« in der Operndramaturgie). Dadurch wird der Zuschauer ganzheitlich in Denken und Fühlen beansprucht. Die Wahrnehmungsapparate intensivieren sich auch gegenseitig: das Denken kann sich z.B. in den eher lyrischen Partien »rekreieren«.
Für die Filmemacher bedeutet diese wellenförmige Dramaturgie, in gewissen Filmteilen auf Musik zu verzichten und Bild- sowie Sprachinformationen in den Vordergrund zu stellen. Der Film appelliert hier vorwiegend an das Großhirn. Im nächsten Teil werden die Bildinhalte ›unschärfer‹, Spra-

che sollte ganz wegfallen, dafür mehr mit Musik und Geräuschen gearbeitet werden, um eine ganzheitliche Stimmung zu erzeugen (wobei sich nun beim Rezipieren das Großhirn ausruhen darf!)

### *Gestaltung der Zeit*

Zeit- und Rhythmus-Erleben ist eine archetypische Weltwahrnehmung des Menschen. Der Grund dafür ist wiederum ein physiologischer: Ab der 24. Woche des embryonalen Daseins wird als zweiter Nerv des Menschen der Hörnerv funktionsfähig. Was hört jedoch der Fötus? Er hört Rhythmen. Emotional gestaltete Zeit! Er hört die Beinarterie der Mutter mit ihrem Pulsschlag.

Der Puls - aus Systole und Diastole bestehend - ist ein zweigliedriges Informationssystem, wie das binäre System eines Computers und gleichermaßen komplex. Unser erstes Wissen von der Welt war ein differenziert gegliedertes rhythmisches Wissen! Deshalb ist jeglicher Rhythmus ein archisches Kommunikationsphänomen, das tiefste Schichten in uns - noch vor Bewußtsein oder Sprachlogik - anspricht.

Rhythmus beeinflußt unser Zeitempfinden in den zwei Kategorien ›quantitativ‹ und ›qualitativ‹. Der quantitative Aspekt meint dabei bloß das »Beschleunigen« oder »Verlangsamen« der Zeit (das Schneller- oder Langsamer-Werden des Pulses). Der qualitative Aspekt meint das Verdichten, Ausdünnen, Strukturieren und Intensivieren von Zeit. Wenn wir eine »Musik« vor uns liegen haben, die wir zu Filmbildern fügen wollen, so können wir mehr quantitativ fragen: hat die Musik eine schnelle oder langsame Gangart? Wir können aber - und dies ist eine wichtige Vorentscheidung bei der Musikauswahl - auch qualitativ fragen: wie ist die Musik strukturiert, ändert sie ihre Verdichtung, wo sitzen die musikalischen Akzente, hat sie lange oder kurze melodische Phrasen, hat sie einheitliche Notenwerte oder ist sie intern von der Spannung zwischen klein und großgliedrigen Rhythmen erfüllt, geht sie im regelmäßig-mechanischen Takt oder ist sie agogisch-krumm interpretiert . . .? Fragen über Fragen, die dem Laien in der Tat nicht sofort beantwortbar sind. Fragen, die aber zeigen, daß man mit Musik professionell umgehen sollte, daß man Musik in die Hand von fachlich gebildeten Experten (ob Musikberater oder Komponist) legen sollte.

»Zeit« ist für den Menschen am angenehmsten, wenn er sie nicht verstreichen spürt (womöglich in zähem Warten!), sondern wenn sie für ihn unspürbar wird, - er in »Zeitlosigkeit«, im ständigen »Jetzt« nur sich bewegt.

Genau dies geschieht bei intensivem Musikhören. Musik ist deswegen eigentlich nicht »Zeitkunst« oder »Kunst, Zeit hörbar zu machen«; Musik ist vielmehr die »Überwindung von Zeit«.
Plausibel wird das, wenn wir die Frage nach der »Gegenwart« stellen. Was ist Gegenwart? Denkerisch-philosophisch kommt man zu dem absurden Ergebnis, daß es gar keine Gegenwart gibt, da jeder Zeitpunkt einer imaginierten Zukunft ja im Moment des Gegenwart-Werdens sofort wieder zur Vergangenheit wird. Gegenwart gibt es nur dann, wenn man sie nicht denkerisch-philosophisch, sondern körperlich-erlebnismäßig definiert: Jede Erlebniseinheit (ob ein Elfmeterschuß, eine achttaktig Melodiephrase oder ein intensiv miterlebter Sonnenuntergang) ist zeitlos, ist pure Gegenwart.

| | | | |
|---|---|---|---|
| denkerisch-philosophisch | Vergangenheit | Gegenwart = 0 | Zukunft |
| körperlich-erlebt | Vergangenheit | Gegenwart = Erlebensdauer | Zukunft |

Während einer melodischen Phrase, wenn z.B. ein Geiger streicht und streicht, von einer Note in die andere gleitet, die wir schon mit Spannung (und ganz in den Klang versunken) erwartet haben, während dieser Phrase haben wir kein Zeitgefühl. Wir sind ganz Ohr, ganz Klang. In der Musikgeschichte läßt sich leicht verfolgen, daß die Komponisten sich Techniken und Methoden schufen, zunehmend längere Phrasen von »Zeitlosigkeit« (von nahezu narkotischem Schwimmen in Musik) zu schaffen. Nehmen wir einmal die Geschichte der achttaktigen (aus je viertaktigem Vorder-/Nachsatz bestehenden) Melodie, die seit der autonomen Instrumentalmusik der Wiener Klassik bis zum modernen Hit für die bürgerliche Musik wesensbestimmend ist: Noch bei Mozart werden damit nur Etappen der Zeitlosigkeit von etwa 20 Sekunden geschaffen, weil das Mozartsche Tempo in den langsamen Sätzen immer noch relativ schnell (angepaßt an den menschlichen Herzschlag von ca. 72 Schlägen pro Minuten) ist. Bereits Beethoven dehnt sein Tempo zu Extremen, - er kennt das radikal schnelle Tempo (Prestissimo) und das radikal langsame - schon himmlich-ireal anmutende - Tempo (Adagissimo). Beethoven verlängert mit komplexeren Taktarten (etwa 9/8-Takt statt dem standardisierten 4/4-Takt bei Mozart) und mit harmonischen Wendungen (Trugschluß am Ende und Verlängerung des Achttakters um eine Viertakteinheit) seine melodische Phrase und schafft zeitlose Erlebenseinheiten von 35 bis 60 Sekunden Dauer.

In der Romantik werden die Tempi noch langsamer, die Melodien harmonisch noch komplexer, die Tonika mit ihrem Schlußakkord wird immer weiter herausgezögert, die Instrumentation wird immer tragender und schwebender ... Schumann rühmte bei Schubert beispielsweise die »himmlischen Längen«. Wagner schuf (Mozart verachtend und an Beethoven orientiert) die »Unendliche Melodie«. Die romantischen Werke werden deshalb immer länger: Opern von 5 Stunden Dauer und Symphonien von 2 Stunden Dauer werden üblich ... die Phrasen darin haben oft Längen von 90 Sekunden. Romantische Musik wird »traumhaft« gedehnt. Prototypisch sei auf das Vorspiel zu Wagners »Rheingold« verwiesen, das nur aus einem einzigen Es-Dur-Akkord besteht, worüber fast 10 Minuten lang ohne gliedernde (abschließende und damit vergangenheitsstiftende) Schlußkadenz die Musik wie Wasserwogen wuchert und blüht. Das Rheingold-Vorspiel ist eine beliebte Filmmusik, weil sich damit lange tragende Erlebnisblöcke schaffen lassen. Doch wehe, wenn man den Film zu knapp geschnitten hat und der Musik keinen Raum gibt. Dieser Schmerz läßt sich leicht am eigenen Experiment nachvollziehen: Wir legen Musik dieser »unendlichen Art« in eine kurz dimensionierte Filmstelle (etwa von »nur« 15 Sekunden Dauer) und stellen fest, wie schnell diese Filmpassage verstreicht und wie unbefriedigt man ist, diese Musik nicht angemessen zu Ende hören zu können, wie ärgerlich man ist, daß die Bilder so unruhig geschnitten sind oder der Kommentator schon wieder so störend losspricht ...
Diese Entwicklung der Zeitdehnung mittels Musik ist in der nachromantischen Zeit bis in unsere Jahrzehnte leicht verfolgbar. Man braucht nur die Endpunkte zu nennen: »Minimal Music« und eine von ethnologischer Trance- und Ritualmusik beeinflußte internationale Folcmusik mit ihren endlosen Klangbändern ... Unendlich gedehnte Klangbänder der elektronischen Musik (etwa seit Pink Floyd), die nicht mehr auf die Beschränktheit des menschlichen Atems oder der Bogenführung der Hand angewiesen ist, sondern technisch erleichtert Phrasen von zwei bis drei Minuten darstellen kann ...
Für den Filmkomponisten - und darin liegt der unschätzbare Vorteil der eigens komponierten Filmmusik - sind diese Phänomene direkt anwendbar. Man schafft lange Phrasen und legt diese auf wichtige Synchronpunkte (Handlungspunkte, Auftreten von Personen, Endpunkte von Dialogen usw.). Mit vier Phrasen lassen sich zum Beispiel 5-6 Minuten Film abdekken, die damit zur Erlebniseinheit werden und durch die Musik in ungeahnter Weise verdichtet (und durch die Synchronizität an bestimmten Punkten wie von Schraubstöcken) zusammen gehalten werden. Leider kennen mei-

stens nur Regisseur, Cutter und Komponist das »Aha-Erlebnis«, wie ein Film - der vorher eher langatmig war - beim Anlegen von eigens komponierter Musik plötzlich verdichtet wird und wie im Fluge zu vergehen scheint . . . Und genau dies ist das höchste Ziel eines Films (oder Kunstwerkes ganz allgemein): den Menschen so zu interessieren, aktivieren, erleben zu lassen, daß er gar nicht mehr verspürt, wie die Zeit verstreicht, wie 45 Minuten seines Lebens vergangen sind!!! Der Film wird plötzlich gut, er wird zum Erlebnis, er erzeugt Lustgefühle. Das Gegenbeispiel wäre ein schleppender Film, bei dem man ständig auf die Uhr schaut und wartet, daß endlich das Filmende kommt!!!
Mit gezielt eingesetzten Melodienbögen und einem genau auf die Synchronpunkte abgestimmten Tempo läßt sich oft ein schlechter Film solcherart beschleunigen, daß niemand verspürt, zwei Stunden im Kinosessel oder in schlechter Wohnzimmerluft verbracht zu haben. Vor allem »schlechte« Filmstellen (die bei Dreharbeiten aus irgendwelchen Gründen unbefriedigend geblieben sind) können durch den gezielten Einsatz von Musik hervorragend überspielt werden.
Auf ein Phänomen ist hinzuweisen, daß wenig bedacht und zunächst wenig einsichtig ist: Ein Film kann mit »schneller« Musik nicht beschleunigt werden, sondern viel besser mit »langsamer« Musik, mit einer Musik, die aus langen melodischen Phrasen besteht. Dies läßt sich anhand einer optischen Entsprechung verdeutlichen. Eine optische Gestalt wirkt vor kleinkariertem Papier größer, als vor einem großkarierten Papier. Genauso verhält es sich mit musikalischen Gestalten, bzw. musikalischen Phrasen:

Wenn jemand im Filmbild reale sechs Sekunden benötigt, um durch ein Zimmer zu gehen, so erscheint das subjektiv schneller, wenn das vor dem Hintergrund einer langsamen Musik geschieht (großkariertes Papier) Vor dem Hintergrund einer schnellen Musik wirkt der Gang langsamer. Der Grund: Bei langsamer Musik hat man das unbewußte Gefühl »Ui! Der ist ja nach zwei Takten, kaum daß die Melodie angefangen hat, schon durchs Zimmer gegangen!«; bei schneller Musik hat man das unbewußte Gefühl »Oje! Der braucht eine ganze Melodie von acht Takten, bis er durchs Zimmer gegangen ist!«

*»Krumme« und begradigte« Zeit*

Zu den wichtigsten Aspekten des qualitativen Zustands von Zeit gehört die Frage, ob eine Musik mehr »krumm« oder mehr »gerade« ist. Krumme (freimetrische, rhythmische flexible, agogische) Musik ist in unserer zeitgenössischen Ästhetik immer seltener: es herrscht die geradtaktige oft computerhaft-maschinell produzierte, eher seelenlose Musik aus der Studioretorte. Unsere Kultur ist längst eine »begradigte« Kultur geworden. Neben der Flußbegradigung und Flurbegradigung finden wir gerade Netze von Straßen und Schienen, quadratische Städtebilder, normierte Maße in allen technischen Bereichen, begradigte Programmschienen bei der Fernsehplanung und vieles mehr. Das krumme ist dem abendländischen Menschen mit seiner Sucht nach Kontrolle, Beherrschen, Planen, Messen und Organisieren suspekt geworden: das Krumme steht für das Irrationale, Unbewußte, Unkontrollierbare . . . Es ist systematisch ausgerottet worden.
Auch in der Musik wollte man alles planbar, berechenbar und begradigt haben. Kernstück dieser Tendenzen: Die ungeraden Taktarten wurden schon bald verworfen: Es herrscht der 4/4-Takt und das Denken in Vierteln, Achteln, Sechzehnten (also in den geraden Zahlen). 5er und 7er sind als Taktarten ausgestorben und allenfalls noch in der Folklore des Balkan oder in Bayern (der bayerische »Zwiefache« ist ein 5er-Rhythmus) zu finden. Selbst dem 3er wird derzeit der Garaus gemacht: war er in Walzer und Menuett noch eine wichtige Taktart, so ist heute der Dreiviertel-Takt »out«: wer einen Walzer oder Dreierrhythmus schreibt, der gilt in der Film- und Popbranche als »Opa«; es herrscht der maschinelle 2er oder 4er Takt, der als akustische Begradigung heute pausenlos aus allen Radiolautsprechern dröhnt. Die Ästhetik des Computers und des Maschinellen ist längst zur Ästhetik des Menschen geworden.
Im Filmwerk tut sich der Macher allerdings keinen Gefallen, wenn er seinen Bildern eine begradigte Musik unterlegt. Dies aus mehreren Gründen: Gerade Rhythmen (womöglich mit einem Schlagzeug aus dem Drumcomputer) wirken wie ein überdeutlich kariertes Papier, das man zu einer lebendigen Zeichnung legt, und das nun wie eine Meßlatte jede Lebendigkeit unterwandert. Gerade Computertakte schaden dem Film und machen seine Rhythmik hart und schroff. Gerade Rhythmen sind maschinell und technisch produziert. Gerade der Film, der ein eminentes technisches Stückwerk ist (man schneidet Bilder aneinander, legt künstliche Töne an, wendet in der Filmproduktion eine Vielzahl technischer Griffe an), benötigt aber Lebendigkeit, Seele, »Krummes«. Von Immanuel Kant stammt das schöne Wort, »daß alles Leben krummlinicht sei«. Leben ist krumm. Leben kennt

nie ein Ideal oder eine Norm, sondern nur die Abweichung, das Unebene. Dieses Abweichende braucht der Film: Temposchwankungen, Atemzüge, die frei pulsieren, lebendige Akzente, die immer wieder variieren.
Für den Film ist es deshalb von größtem Nutzen, wenn eine frei eingespielte Musik (ohne Computerklick als Regulativ), eine spontane Interpretation, Musik mit Tempovariationen, Musik im 3er, 5er oder 7er-Takt benutzt wird. Es gibt auch - vor allem in der klassischen Musik oder in vieler außereuropäischer Folkloremusik asymmetrische Aufteilungen von geraden Viervierteltakten (etwa im Bossa Nova, wo die acht Achtel in 3+3+2 aufgeteilt sind). Es gibt - zum Beispiel in Jazz-Stilen - musikinterne Spannungen und rhythmische Verschiebungen, - wie beim Swing, wo Melodien und Akkorde unmerklich um eine Triole nach vorne verzogen sind.
Der Film, zunächst ein technisches Machwerk aus vielen Einzelkomponenten zusammengestückelt, benötigt solche krumme Lebendigkeit und damit »Seele«, um sein technisches »Gemacht-Sein« zu verbergen, um frei zu atmen. Es lohnt sich einmal, unter diesem Aspekt die großen und berühmt gewordenen Filmthemen sich anzuhören. Ob »Dr. Schiwago« oder »Spiel mir das Lied vom Tod«, - viele Filmmusik-Hits leben von ihrem Zeitgefühl auf der Basis ungerader, asymmetrischer und krummer Rhythmen.
Beim Anhören von Musik, die man in seinen Film zu legen gedenkt, ist das Überprüfen der Assoziation »krumm - gerade« sehr wesentlich. Wer hier sensibel geworden ist wird in Kürze feststellen, daß frei atmende Musik (wo der Interpret bei Kadenzen und Höhepunkt leicht nachgibt und dann auch wieder das Tempo anzieht) immer die geeignetere Filmmusik ist. Im amerikanischen Film, wo auch in dokumentarischen Filmen oder kleineren Fernsehserien immer ein Orchester frei zur Leinwand spielt (ohne Playbacktechnik, was eine Koppelung an den maschinell synchronisierenden Computerklick erfordert), weiß man um die positive Wirkung einer frei schwingenden Musik im Film.

*Rolf Moser*

# Musik im Film aus wirtschaftlicher und rechtlicher Sicht

## 1. *Einleitung*

»Musik hat ihren Wert« - dieser treffende Slogan der GEMA gilt auch und gerade für die künstlerische und dramaturgische Bedeutung der Filmmusik.[1]

Leider wird im Alltag des Film- und TV-Geschäfts dieser hohen Wertschätzung der Filmmusik nur selten Rechnung getragen. So ist es für einen Komponisten, der wochenlang seine ganze Kraft und Kreativität für den musikalischen Rahmen eines Filmes eingesetzt hat, schon bitter, wenn sein gesamter Musiketat weit geringer ist als die Kosten für das Produktionsfest - von den teuren Actionszenen im Papierkorb des Schneideraums ganz zu schweigen. Auch die Tatsache, daß in den einschlägigen Fernseh- und Filmkritiken die Arbeiten und Namen der Komponisten konsequent verschwiegen werden, ist dem Stellenwert der Filmmusik sicher nicht zuträglich.

Umso erfreulicher ist es, daß in den letzten Jahren immer mehr Komponisten aus allen Stilrichtungen sich - im wahrsten Sinne des Wortes - der Filmmusik verschrieben haben. Und etliche dieser Filmkomponisten, die in Deutschland zuhause sind oder waren, haben etwas erreicht, was dem deutschen Film bislang leider nicht gelungen ist: Sie genießen höchste internationale Anerkennung, auch im »Filmland« USA. Namen wie Klaus Doldinger, Harold Faltermaier, Giorgio Moroder, Edgar Froese und natürlich Hans Zimmer, einer der aktuellen Top-Composer Hollywoods (»Rain Man«, »Green Card«, »Driving Miss Daisy u.v.a.m.) haben der Filmmusik »made in Germany« zu bemerkenswertem Ansehen verholfen.

Doch zurück von Hollywood zur deutschen Film- und TV-Praxis: An zwei Fallbeispielen möchte ich skizzieren, wie bei Fernseh- und Kinoproduktio-

1 Die Bedeutung der Filmmusik für das Filmwerk war Gegenstand zahlreicher musikwissenschaftlicher und juristischer Gutachten (insbesondere in Zusammenhang mit der Vergütung der Komponisten bei Videozweitauswertung von Spielfilmen), siehe dazu u.a. *Ludwig Gesek* (Hrsg.), Primat des Bildes bei Film und Fernsehen, Filmkunst Jahresband 1988.

nen die wirtschaftliche Seite der Filmmusik aussieht. Zwangsläufig können diese beiden Fälle keine Allgemeingültigkeit beanspruchen, aber sie beruhen doch auf praktischen Erfahrungswerten und realistischen Eckdaten.[2]

## 2. *Fallbeispiele*

### 2.1. *TV-Produktion*

Die TV-Produktionsfirma XTV produziert im Auftrag einer Rundfunkanstalt einen 90 Minuten langen Kriminalfilm mit einem Gesamtetat von ca. DM 1,0 Mio. Auf Grundlage der bewährten Faustregel »Musiklänge = 1/3 der Filmlänge« kalkuliert der Auftragsproduzent die dramaturgische Musik in einer Gesamtlänge von ca. 30 Minuten. Rechnete er vor ein paar Jahren noch mit einem Musikminutenpreis von ca. DM 800,- bis DM 1.000,-, so ist unter den gegenwärtigen Marktbedingungen allenfalls noch die Hälfte, also ca. DM 400,- bis DM 500,- pro Musikminute, realistisch. Der Konkurrenzkampf der Komponisten auf der einen Seite und die Sparmaßnahmen der ebenfalls unter Konkurrenzdruck stehenden Rundfunkanstalten auf der anderen Seite lassen keine höheren Preise mehr zu. XTV gelangt folglich zu einem kalkulierten Gesamtmusikbudget in Höhe DM 15.000,-, das sowohl die Komposition als auch die gesamte Musikproduktion inklusive Studio, 3-4 Musiker, Bandmaterial, Arrangement etc. abdecken muß.[3]
Bei der Wahl des Komponisten setzt sich Regisseur R. durch, der seit 20 Jahren nur mit dem spezialisierten Filmkomponisten F. zusammenarbeitet. Mit diesem Komponistenvorschlag und dem bescheidenen Musikbudget in Höhe DM 15.000,- geht der Produzent optimistisch in das Kalkulationsgespräch mit seinem Auftraggeber und ist doch einigermaßen überrascht, als sein Verhandlungspartner aus der Abteilung Auftragsproduktionen gleich zu Beginn des Kalkulationsgespräches das Musikbudget auf DM Null zusammenstreicht. Der Rundfunkmann verweist auf die zahlreichen musikalischen Gratisangebote von Komponisten, Verlagen und Tonträgerfirmen, die sich auf seinem Schreibtisch stapeln und beendet die diesbezügliche Diskussion mit dem Zauberwort »Medienkooperationen«.

2 Zur Praxis der Filmmusik siehe auch *Rolf Moser*, in Moser/Scheuermann (Hrsg.) Handbuch der Musikwirtschaft (1992), S. 215 ff.; *Norbert Jürgen Schneider*, Handbuch der Filmmusik (1986), Bd. 1, S. 87 ff., *Heike Bangert*, Professional Production, 11/1990, S. 68 ff.

3 Weitere Einzelheiten zur Kalkulation von Musikbudgets: *Rolf Moser*, aaO., S. 218 ff.

XTV setzt sich daraufhin mit potentiellen Kooperationspartnern in Verbindung und kann folgende Erfolge vermelden:
Eine Tonträgerfirma ist bereit, die gesamte TV-Musik zu bezahlen und dem Produzenten zusätzlich eine Lizenzbeteiligung aus den entsprechenden Tonträgerverkäufen zu gewähren, wenn die neue Aufnahme ihres Künstlers A. verkaufsfördernd eingespielt wird. XTV ist an dieser Idee sehr interessiert, jedoch wird der hitverdächtige Vorschlag sowohl von Regisseur R. als auch von der Rundfunkredakteurin B., die sich von den Sparmaßnahmen ihres Kollegen aus der Abteilung Auftragsproduktionen distanziert, mit Vehemenz und mit dramaturgischen Gründen abgelehnt.
Die Offerte des Musikverlages Musica, dem TV-Produzenten unentgeltlich seine allseits verwendbare Archivmusikserie beizustellen, wird von allen Beteiligten schnell und einvernehmlich mit dem Stichwort »Fahrstuhlmusik« verworfen.
Das gleiche Schicksal erleidet das Gratisangebot eines Volksmusikanten, der sich und seine Fähigkeiten endlich ins TV-Business einbringen will.
Mittlerweile ist der Wunschkomponist F., der um seinen Auftrag bangt, bereit, zu einem Sonderpreis von nur DM 8.000,- die gesamte Musikproduktion herzustellen. Dieser Preis deckt gerade seine Fremdkosten für Studio, Bandmaterial und Musiker ab. Für seine eigene Tätigkeit als Komponist und Arrangeur verbleiben ihm nur die zu erwartenden GEMA-Tantiemen, die mit jeder Ausstrahlung der TV-Produktion anfallen. In Deutschland kann er bei einer bundesweiten Ausstrahlung in einem öffentlich-rechtlichen Sender immerhin mit ca. DM 170,- pro Musikminute rechnen (wenn er auch die Verlegeranteile behält, sogar mit ca. DM 300,-). Da zwischen Produktion und Ausstrahlung mehr als ein Jahr liegt und auch die GEMA-Abrechnung etliche Monate auf sich warten läßt, erhält der Komponist aus der TV-Verwertung seines musikalischen Werkes erst zwei Jahre nach Beendigung seiner Arbeit seinen Autorenanteil in Höhe von ca. DM 5.000,-. Weil in den meisten ausländischen Staaten die Sendetantiemen erheblich niedriger sind, wird sich dieser Betrag auch bei einer Auslandsverwertung der TV-Produktion nur unerheblich erhöhen. Wirtschaftlich interessant dagegen sind spätere TV-Wiederholungen, die jedesmal die Komponistenkasse wieder klingen lassen.
Die dem Wunschkomponisten für dessen Fremdkosten gewährten DM 8.000,- hat der TV-Produzent notgedrungen aus eigener Tasche bezahlt. Er versucht, diese Kosten zu »recoupen«, indem er sich vom Komponisten sowohl die Verlags- als auch die phonographischen Rechte übertragen läßt.
Zwar kann XTV die Verlagsrechte an einen Musikverlag verkaufen (zu einer Pauschale in Höhe ca. DM 5.000,-), doch muß die TV-Firma feststellen,

daß die phonographischen Rechte an der dramaturgischen Fernsehmusik ohne das dazugehörige Bild kommerziell nicht verwertbar sind. XTV kann daher trotz intensiver Bemühungen keine Tonträgerfirma finden, die an einer Soundtrackveröffentlichung interessiert wäre.
XTV bleibt in diesem Beispiel beim Posten »Musik« ein Minus in Höhe ca. DM 3.000,-, wobei Kosten für Anwälte, Musikberater etc. noch nicht berücksichtigt sind. Dies ist sozusagen sein finanzielles Opfer dafür, daß sie in ihrer TV-Produktion weder die potentielle Hitaufnahme noch einen ausdruckslosen Archivmusikbrei eingespielt, sondern einen Filmmusikkomponisten im klassischen Sinne beschäftigt hat. Der Fernsehproduzent wird überlegen, wie oft er sich diese Eigeninvestition noch leisten kann oder leisten will.
Die mittelfristigen Konsequenzen dieser Budgetpolitik sind offensichtlich: Die echten Filmmusikspezialisten, die keine anderen Einnahmequellen haben, werden finanziell ausgetrocknet. Die Filmmusik als solche, deren Stellenwert ohnehin oft verkannt wird, verliert weiter an Beachtung. Was nichts kostet, hat in den Augen bzw. Ohren vieler Nutznießer leider auch keinen Wert.
Sicherlich können kommerzielle Medienkooperationen zwischen TV-Produktionen und Tonträgerfirmen in einigen Fällen für die Zuschauer sehr attraktiv und für die Beteiligten durchaus lukrativ sein.[4] Jedoch sind solche kommerziellen Unternehmungen nur dann erfolgreich, wenn die betreffende Produktion dafür wirklich geeignet ist und alle Produktionsverantwortlichen, vor allem auch die Regisseure und Redakteure, an einem Strang ziehen. Angesichts der extrem gesunkenen Einschaltquoten und des veränderten Zuschauerverhaltens[5] wird es ohnehin immer schwieriger werden, investitionsfreudige Medienpartner zu finden.
Ähnliches gilt für die Archivmusik. Die zahlreichen Archiv-CDs, die kistenweise in den Schneideräumen liegen und den TV-Produzenten keine Mark kosten, da sich die entsprechenden Verlage mit den GEMA-Rückflüssen begnügen, können im Einzelfall eine wichtige Funktion erfüllen. Man denke nur an Musikuntermalung mit ethnischen Klängen oder exotischen Instrumenten sowie an die Einspielung historischer Dokumentaraufnahmen.

4 Zur Praxis dieser Medienkooperation siehe *Albert Czapski* in: Handbuch der Musikwirtschaft, S. 119 ff.; *Rolf Moser,* aaO., S. 223 ff.

5 Nach einer Untersuchung des BAT-Freizeit-Forschungsinstituts aus dem Jahre 1991 dient das eingeschaltete TV-Programm bei mehr als 70 % der Zuschauer meist als Hintergrundberieselung, der nur wenig Aufmerksamkeit geschenkt wird.

Die Tatsache jedoch, daß immer häufiger Rundfunkanstalten die Auftragsproduzenten ohne nähere Prüfung von vorneherein zu derartigen Ausnahmelösungen zwingen, ist letztlich genauso absurd, wie wenn die Schauspielergagen mit dem Hinweis gestrichen würden, daß genügend Laienschauspieler gerne auch unentgeltlich für das Fernsehen arbeiten. In beiden Fällen leidet die Qualität.

### *2.2. Kinofilm*

Die Fa. X-Film produziert einen Kinofilm mit einem Gesamtbudget in Höhe von DM 6 Mio. Damit liegt ihr Etat immerhin doppelt so hoch wie das Durchschnittsbudget der deutschen Kinoproduktionen.[6] Die dramaturgische Musik kalkuliert X-Film mit DM 80 000,-, den Titelsong mit DM 10.000,-.[7]

Für die Komponisten und Produktion der dramaturgischen Musik, die im Branchenslang meist nur »score« (aus dem englischen »musical score«) genannt wird, wird ein bekannter Filmkomponist engagiert. Ausgehend von ca. 30 Minuten dramaturgischer Musik liegt sein Minutenpreis von ca. DM 2.700,- ein vielfaches über dem seiner Fernsehkollegen. Allerdings ist zu berücksichtigen, daß die Produktionsfirma nicht nur sehr hohe künstlerische und produktionstechnische Anforderungen stellt, sondern einige Takes mit Großer Orchesterbesetzung aufgenommen werden müssen. Außerdem sind die GEMA-Tantiemen aus den deutschen Kinoaufführungen fast nicht der Rede wert: Die GEMA kassiert nur ca. 50 Pfennig pro 1000 Sekunden aufgeführter Musik. Da fließen selbst bei großen Kinoerfolgen nur die berühmten »peanuts« in die Komponisten- und Verlegerkassen.

Der Titelsong wird mit einer Nachwuchsgruppe aufgenommen, die neben der genannten Pauschale in Höhe von DM 10.000,- für das komplette Musikband (inkl. Studio, Bandmaterial etc.) ebenso wie der Producer[8] eine branchenübliche Lizenzbeteiligung an der Tonträgerauswertung erhält.

Da die Spielhandlung in den 60er Jahren angesiedelt ist und die damalige

6 Zu den wirtschaftlichen Rahmenbedingungen der deutschen Film- und Fernsehproduktion siehe *Stefan Braunschweig/Hannemor Keidel* in: Media Perspektiven 12/91, S. 777 ff.

7 Zwar beträgt nach einer Untersuchung von Wolfgang Längsfeld (teilweise abgedruckt bei *Ludwig Gesek,* aaO.) das Musikbudget von Spielfilmen im Durchschnitt 2,29 % des Gesamtbudgets, jedoch sind in diesem Budget oft die - in diesem Fallbeispiel bislang nicht berücksichtigten - Filmherstellungs- und Einblendungsrechte enthalten.

8 Der sog. Producer ist der künstlerische Leiter der Musikproduktion, also eine Art musikalischer Regisseur. Seine Tonträgerlizenzbeteiligung liegt in der Regel bei 2 %-4 % Nettodetail. Die Lizenzbeteiligung einer Nachwuchsband wird bei ca. 6 % Nettodetail liegen. Die Abrechnungsbasis Nettodetail entspricht dem Endkonsumentenpreis abzüglich Umsatzsteuer.

Popmusik im Film eine zentrale Rolle spielt, haben sich Produzent und Regisseur für die Einspielung mehrerer Oldies entschlossen. Sie beauftragen einen musikalischen Berater, einen sog. Supervisor, ein musikalisches Konzept zu erstellen, das sowohl den Film unterstützt als auch eine begleitende Tonträgerauswertung ermöglicht. Der Supervisor stellt mehrere Titelvorschläge zusammen, von denen die Produktionsverantwortlichen schließlich 5 Titel auswählen.
Spätestens an diesem Punkt muß sich der Produzent mit den sog. Filmherstellungs- und Einblendungsrechten befassen. In der Insidersprache werden sie meist nur »sync-rights« (aus dem englischen »synchronisation rights«) genannt.
Diese sync-rights werden im Falle von Kinoproduktionen in der Regel nicht von den Verwertungsgesellschaften, sondern von den Rechteinhabern selber wahrgenommen - und letztere sind bekanntlich weder an einen Kontrahierungszwang noch an feste Tarife gebunden. X-Film wendet sich daher an die betreffenden Verlage und Tonträgerfirmen mit der Bitte um Genehmigung der beabsichtigten Musikeinspielungen.
Die Resonanz auf diese Lizenzanfragen ist unterschiedlich: Ein amerikanischer Originalverleger gibt sein Werk nicht frei, da einige Drehbuchdialoge für sein Empfinden zu obszön sind. Eine Aufnahme wird von der zuständigen Schallplattenfirma gesperrt, da sie nicht mehr zum neuen Image ihres Künstlers paßt. Eine weitere Aufnahme wird nur gegen eine Mindestlizenzgebühr in Höhe DM 120.000,- freigegeben. Der Produzent und seine Berater suchen für diese Werke und Aufnahmen Ersatztitel, die zum musikalischen Gesamtkonzept passen. Nach zähen Verhandlungen können sie die sync-rights für die Auswertung des Filmwerkes in allen Nutzungsarten erwerben, jedoch zeitlich befristet auf 10 Jahre und territorial beschränkt auf Europa. X-Film zahlt für alle 3 Titel, die jeweils ca. 2 Minuten eingespielt werden, für die Filmherstellungsrechte den Verlagen insgesamt DM 70.000,- und den Tonträgerfirmen für die Einblendungsrechte nochmals DM 60.000,-, zusammen also DM 130.000,-. X-Film liegt mit diesem Verhandlungsergebnis noch erheblich unter den einschlägigen Verbandsempfehlungen.
Zwischenzeitlich ist es dem Produzenten nach mehreren Anläufen tatsächlich gelungen, einen Musikmanager zu finden, der - vielleicht weil er die aktuellen SPIO-Zahlen zu den Marktanteilen des deutschen Filmes nicht kennt[9] - an den kommerziellen Erfolg dieses Filmprojektes glaubt. X-Film

9 Im Jahre 1990 sank der Anteil der deutschen Kinoproduktionen am heimischen Markt erstmals unter die 10 % Marke; siehe dazu *Stefan Braunschweig/Hannemor Keidel*, aaO. Zur aktuellen Situation siehe auch: Filmecho/Filmwoche Nr. 29/1992, S. 6 ff.

und die Tonträgerfirma Musicmedia einigen sich auf folgender Kooperationsbasis:
Musicmedia veröffentlicht zum Filmstart ein Oldies-Album unter Verwendung des Filmtitels und garantiert für diese Oldieskopplung Funkwerbung mit einem Werbebudget in Höhe von DM 200.000,-. Der Produzent X-Film erhält aus dem Merchandisingvertrag, in dem er Filmtitel, Filmplakat und andere rechtlich mehr oder weniger relevante Ausstattungsmerkmale an Musicmedia lizenziert, eine sog. Override-Lizenz in Höhe von DM 1,50 pro verkauftem Tonträger. Außerdem erhält er eine mit diesen Lizenzbeteiligungen verrechenbare, aber nicht rückzahlbare Garantiezahlung in Höhe von DM 100.000,-. Da auf dem Oldies-Soundtrackalbum auch der von X-Film finanzierte Titelsong und zwei Instrumentals aus der dramaturgischen Musik enthalten sein werden, schließen X-Film und Musikmedia einen Bandübernahmevertrag über diese Aufnahmen. X-Film kann in dieser Lizenzvereinbarung eine Vorschußzahlung in Höhe von insgesamt DM 25.000,- und branchenübliche Lizenzbeteiligungen (17 % Nettodetail für Vokaltitel und 14 % für die Instrumentals) aushandeln.
Das finanzielle Ergebnis dieses Oldies-Konzeptes und dieser Tonträgerkooperation ist zunächst, daß angesichts der hohen Kosten für Einblendungsrechte auf der einen Seite und den Garantiezahlungen für Tonträgerlizenzen auf der anderen Seite ca. 130.000 DM kostenneutral hin- und hergeschoben wurden. Allerdings hat X-Film damit auch ein wichtiges Promotionvehikel finanziert. In USA, wo für die sync-rights bisweilen 7stellige Dollarbeträge bezahlt werden, wird mit dem Soundtrackablum oft die wichtigste Schneise für die Filmvermarktung geschlagen. Nicht ohne Grund hat kürzlich ein amerikanischer Produzent den Soundtrack als »most important marketing tool« bezeichnet.[10] Für deutsche Filmproduzenten wird es jedoch angesichts der Tatsache, daß in den letzten Jahren nicht einmal 10 % der deutschen Kinoproduktionen mehr als 300.000 Zuschauer erreicht haben, immer schwieriger, Kooperationspartner in der Tonträgerindustrie für die Finanzierung der teueren Einblendungsrechte zu finden.

10 Zum aktuellen Stellenwert der Soundtrackalben für amerikanische Produktionen siehe auch *Kevin Zimmermann*, Studios Bet On Scores For B.O., in: Variety, 13. Juli 1992, S. 51 f. *Zimmermann:* »The movie soundtrack album . . . has grown into something of a sugar daddy. The result is a new synergy between labels and studios, fueled by the belief that a hit album can boost a film's box office.«

### 3. *Verträge*

Noch einige Stichworte zu den in den vorherigen Fallbeispielen genannten Verträgen:
Durch den *Komponistenvertrag* wird der Filmkomponist zur musikalischen Untermalung eines Filmwerkes nach den mehr oder weniger konkreten Vorgaben der Produktionsverantwortlichen verpflichtet. Als Gegenleistung erhält er in der Regel eine Pauschalsumme, deren Höhe abhängig ist von Art und Umfang der Komposition und vom Marktwert des jeweiligen Komponisten. Dieser Pauschalbetrag ist meist zur Hälfte bei Vertragunterzeichnung, zur anderen Hälfte nach Abnahme des Werkes durch den Produzenten und Abgabe der Musiklisten fällig.
Mit diesem typischen Werkvertrag ist regelmäßig eine umfassende Rechteübertragung verbunden. Die meisten Produzenten verwenden hierfür Musterverträge für Urheberberechtigte, in denen aus Gründen der Zweckübertragungstheorie (§ 31 Abs. 5 UrhG) alle bekannten Nutzungsarten einzeln aufgeführt sind. Allerdings haben diese Regelungen für die urheberrechtlichen Nutzungsrechte an den Filmkompositionen nur begrenzte rechtliche Relevanz, da praktisch alle Filmkomponisten Mitglieder der GEMA sind und sie somit im Berechtigungsvertrag schon vorab die Aufführungsrechte und mechanischen Vervielfältigungsrechte treuhänderisch der Verwertungsgesellschaft übertragen haben. Diese Vertragsklauseln haben jedoch insofern Bedeutung als sie Bearbeitungsrechte und insbesondere Filmherstellungsrechte, soweit diese nicht von der GEMA wahrgenommen werden, betreffen.
Da die Filmkomponisten dem Auftraggeber heutzutage nicht mehr Filmpartituren in Notenschrift, sondern fertige einspielfähige Musikbänder abliefern, wird parallel zum Komponistenvertrag ein sog. *Musikproduktionsvertrag* (auch Musikbandvertrag genannt) abgeschlossen. Durch diesen Vertrag wird der Komponist in seiner Eigenschaft als Musikproduzent verpflichtet, gegen eine Pauschalsumme für den Auftraggeber die gesamten Musikaufnahmen herzustellen, d.h. er muß mit diesem Betrag auch die Kosten für Musiker, Arrangeur, Studiomiete, Tontechniker, Bandmaterial etc. bestreiten.
Der auftraggebende Filmhersteller der - neben seinen Leistungsschutzrechten aus § 94 UrhG - originär oder derivativ auch eigene Leistungsschutzrechte als Tonträgerhersteller gemäß §§ 85, 86 UrhG an den Musikaufnahmen innehat, wird hinsichtlich der Filmauswertung dieser Aufnahmen durch § 92 UrhG geschützt. Demnach stehen den leistungsschutzberechtig-

ten Musikern, Sängern, Dirigenten und sog. Producern die Verbotsrechte und Vergütungsansprüche gemäß § 75 S. 2 und §§ 76, 77 UrhG nicht zu. Trotz dieses gesetzlichen Schutzes des Filmherstellers wird im Musikproduktionsvertrag meist noch eine umfassende Rechteübertragung und Genehmigung der uneingeschränkten Filmauswertung vorgenommen. Da § 92 nicht die Tonträgerauswertung der Musikaufnahmen abdeckt,[11] sind derartige vertragliche Regelungen jedenfalls dann erforderlich, wenn der Produzent auch die sog. phonographischen Rechte (das Recht zur Tonträgerauswertung der Musik losgelöst vom Filmwerk auf CD, Schallplatte, MC etc.) beansprucht - und dies wird bei einer Vollfinanzierung der Musikproduktion regelmäßig der Fall sein.
Die vertragliche Regelung dieser phonographischen Rechte ist unproblematisch, solange die an der Aufnahme mitwirkenden Künstler keine Lizenzbeteiligung aus der Tonträgerauswertung beanspruchen. Die Komponisten erhalten ohnehin ihre diesbezüglichen Tantiemen von der Tonträgerfirma via GEMA. Die Studiomusiker werden in der Regel mit Tagespauschalen (ca. DM 500,- bis DM 1.000,- pro Tag) abgegolten.
Spätestens dann aber, wenn Solointerpreten oder Producer eine Lizenzbeteiligung fordern, sind umfangreiche vertragliche Regelungen notwendig. Der Film- oder Fernsehproduzent begibt sich dann auf das für ihn oft ungewohnte Glatteis des Music Business. D.h. er muß insbesondere schon bei Vertragsschluß mit seinen Künstlern die Konditionen des späteren Bandübernahmevertrages mit der Tonträgerfirma voraussehen. Kennt der Filmhersteller nicht die Unterschiede zwischen Nettodetail, HAP und Großhandelspreis oder vernachlässigt er im Künstlervertrag die branchenüblichen Reduzierungen für Auslandsverkäufe, TV-Bewerbung und Sondervertrieb, so kann es leicht passieren, daß seine eigene Lizenzbelastung wesentlich höher ist als seine spätere Bandübernahmelizenz und er damit bei jedem verkauften Tonträger kräftig draufzahlt. Im Rahmen dieses Vortrages ist es nicht möglich, das vertragliche Dickicht von unterschiedlichen Exklusivitäten, komplizierten Abrechnungsmodalitäten und überraschenden Lizenzreduzierungen der Musikbranche näher zu durchleuchten.[12]

11 Siehe *Fromm/Nordemann*, Urheberrecht, § 92, Rdnr. 2 (m.w.Nachw.).
12 Einen detaillierten Einblick in die Praxis der Künstler-, Producer- und Bandübernahmeverträge geben *Rolf Gilbert* und *Andreas Scheuermann* in: Handbuch der Musikwirtschaft, S. 782 ff.

## 4. *Spezielle Rechtsfragen*

### 4.1. *Austausch der Filmmusik (Fall »Ortolani«)*

Bei der Synchronisation von Filmwerken wird häufig nicht nur die Originalsprache, sondern auch die Originalmusik oder Teile davon ausgetauscht. Dies hat nicht nur künstlerische, sondern bei alten Spielfilmen meist auch tontechnische Gründe.
Soweit für einen derartigen Musikaustausch die Zustimmung des Originalkomponisten und Produzenten vorliegt, ist dies rechtlich nicht zu beanstanden. Problematisch wird es jedoch, wenn ohne die Zustimmung der vorgenannten Rechteinhaber in die Originalmusik eingegriffen wird. Mit einem derartigen Fall hatte sich vor kurzem das Oberlandesgericht München zu befassen:[13]

*Sachverhalt*

Eine italienische Fernsehgesellschaft hat eine sechsteilige Fernsehserie produziert, zu der der Kläger, der bekannte Filmkomponist R. O., die Musik geschrieben hat. Die Beklagte ist eine deutsche Produktionsfirma, die vom italienischen Produzenten das Recht erworben hat, diese TV-Serie in deutscher Sprache für das Fernsehen zu verwerten.
Bei der Synchronisation der Serie entfernte die Beklagte große Teile der Musik und ersetzte diese teilweise durch neue Kompositionen des deutschen Filmkomponisten E. B.
Der Kläger ging mit einem Unterlassungsantrag gegen die geplante Verwertung der Fernsehserie mit diesen Neukompositionen vor und machte gegen die Beklagte außerdem Schadenersatzansprüche geltend.
Der Kläger vertrat die Ansicht, daß durch die Hinzufügung dieser Kompositionen seine Filmmusik, die ein gefühlsbetontes, melodramatisches Gesamtwerk darstelle, beeinträchtigt sei. Die Beklagte war dagegen der Auffassung, daß die Musik von Ortolani für das Filmwerk nur dienenden Charakter habe und die einzelnen Teile der Musik untereinander keinen Bezug hätten. Folglich würde das Weglassen oder der Austausch einzelner Takes nicht die restlichen verbleibenden Musikteile berühren. Beide Parteien konnten ihre unterschiedlichen Standpunkte mit Gutachten von namhaften Musiksachverständigen untermauern.

13 Rechtskräftiges Urteil vom 26. 9. 1991 - 29 U 2285/89 - abgedruckt in ZUM 6/1992, S. 307 ff.

Das Oberlandesgericht München hat ebenso wie das erstinstanzliche Landgericht der Klage stattgegeben.

*Einige Ausführungen aus den Entscheidungsgründen:*

»Der Anspruch des Klägers auf Unterlassung der Vervielfältigung und Verbreitung der deutschen Fernsehserie . . . ist gemäß § 97 Abs. 1 in Verbindung mit § 14 urhG begründet. Die Ersetzung wesentlicher Teile der Filmmusik des Klägers durch Kompositionen E. B. stellt eine Beeinträchtigung des Werkes i.S. des § 14 UrhG dar, die gegen das beim Kläger verbliebene Urheberpersönlichkeitsrecht verstößt und daher von diesem nicht hingenommen werden muß.«
»Für die Frage, ob eine Beeinträchtigung vorliegt, ist vom Werk des Urhebers in der ihm von diesem verliehenen Gestalt auszugehen. Dies ist die vom Kläger geschaffene Filmmusik in ihrer Gesamtheit. Schutzfähig ist die Filmmusik als Gesamtwerk.« Weiter führt das Gericht hierzu aus: »Die Musik des Klägers spielte für die Produktion der Fernsehserie eine bestimmende Rolle . . . Der Einsatz der Musik wurde maßgebend vom Kläger bestimmt.« Das Gericht schloß sich den Ausführungen des in der Berufung eingeholten Sachverständigengutachten an, wonach der Musik eine »einheitliche Grundkonzeption« zugrunde liege und die einzelnen Teile »stimmig aufeinander und auf den Film bezogen« seien.
Das Gericht kommt dann zu folgendem Ergebnis. »Das Originalwerk wird in seinen wesentlichen Zügen verändert, wozu es der Einwilligung des Klägers bedurft hätte, ohne daß es darauf ankommt, ob die Weglassungen und Einfügungen vom Standpunkt der Beklagten vertretbar waren. Die Belange des Urhebers sind ausschlaggebend; § 39 Abs. 2 UrhG (Anm.: wonach Änderungen des Werkes zulässig sind, zu denen der Urheber seine Einwilligung nach Treu und Glauben nicht versagen kann) darf nicht dazu führen, daß das Ausgangswerk in seinem wesentlichen Aussagegehalt verändert wird. Damit ist der Unterlassungsanspruch des Klägers begründet«.
Dieses Urteil kann sicherlich nicht dahingehend verallgemeinert werden, daß jeder nichtgenehmigte Musikaustausch das Urheberrecht des Originalkomponisten verletzt. Es ist aber sicherlich insoweit über den konkreten Einzelfall hinaus von Bedeutung als das Gericht sich vom gerne zitierten Grundsatz der rein »dienenden Funktion« der Filmmusik verabschiedet hat. Zumindest in anderen Ländern scheint es Produktionen zu geben, bei denen der Filmmusik ein wesentlich höherer Stellenwert zukommt. Die deutsche Verwerter sind daher bei Synchronisationsarbeiten gut beraten, in

Zweifelsfällen Musikteile nur mit Zustimmung der Originalberechtigten auszutauschen.

### 4.2. *Filmherstellungs- und Einblendungsrecht*

Zum Schluß möchte ich noch auf ein Problem eingehen, das seit Jahren nicht nur Rechtswissenschaftler und Gerichte, sondern alle Praktiker in Film- und Fernsehproduktionen beschäftigt - oder besser gesagt belästigt -: Das sog. Filmherstellungsrecht und das Einblendungsrecht.
Mit dem mißverständlichen Begriff »Filmherstellungsrecht« wird das Zustimmungserfordernis der Musikurheber zur Verbindung ihres vorbestehenden musikalischen Werkes mit einem Filmwerk bezeichnet. Entsprechendes gilt auf der Ebene der Leistungsschutzberechtigten: Wird ein vorbestehender Tonträger (z.B. eine Schallplatte oder CD) in ein Filmwerk eingespielt, ist hierfür der Erwerb des sog. Einblendungsrechtes, d.h. die Zustimmung der betroffenen Leistungsschutzberechtigten, erforderlich.
Konkret haben diese Rechte zur Folge, daß für die Einspielung einer Schallplatte in ein Filmwerk grundsätzlich sowohl die Zustimmung der Urheber bzw. deren Verleger als auch der Musiker bzw. Tonträgerfirma einzuholen ist.
So einfach diese Rechtssituation auf den ersten Blick erscheint, so komplex und umstritten sind die rechtlichen Grundlagen und die praktische Handhabung dieser Rechte. Insbesondere bei der Rechtsnatur des sog. Filmherstellungsrechtes gehen die Meinungen auseinander: Von den einen wird dieses Recht als einseitige Zustimmungserklärung mit urheberpersönlichkeitsrechtlichem Charakter, von den anderen als urheberrechtliches Nutzungsrecht i.S.d. §§ 31 ff. UrhG betrachtet. Kontrovers diskutiert wird auch die wichtige Frage, ob die Zustimmung zur Einspielung eines Musikwerkes nicht nur zeitlich und örtlich, sondern auch auf einzelne Nutzungsarten beschränkt werden kann. Mindestens genauso umstritten ist auch die Frage, ob das Filmherstellungsrecht mit der Erstauswertung des Filmwerkes erschöpft ist.[14]
Besondere wirtschaftliche Bedeutung haben diese Fragen durch die Videoauswertung von Kinofilmen und Fernsehproduktionen erfahren. Nachdem einige Instanzgerichte diesen Sachverhalt unterschiedlich bewertet haben,

14 Zur rechtswissenschaftlichen Diskussion des Filmherstellungsrechtes siehe u.a. *Rolf Budde,* in: Handbuch der Musikwirtschaft, S. 637 ff.; *Christof Krüger,* in: UFITA Schriftenreihe Band 92, S. 79 ff.; *Schwarz/Schwarz,* ZUM 1988, S. 429 ff.; *Rolf Dünnwald,* FuR 1974, S. 76 ff., *Gustav Brugger,* Ufita Band 51 (1968) S. 89 ff.

ist nun der Bundesgerichtshof aufgerufen, zu entscheiden, ob bei der Videozweitauswertung nochmals das sog. Filmherstellungsrecht - oder genauer: Videoherstellungsrecht - relevant wird.
Ich möchte an dieser Stelle weder die Entscheidung des BGH vorhersagen noch die Argumente der nachfolgenden Referenten vorwegnehmen. Aber einige kritische Anmerkungen zum praktischen Umgang mit diesen umstrittenen Rechten seien doch erlaubt. Um das Problem auf den Punkt zu bringen: Von wem werden welche Rechte wahrgenommen?
Nach dem geltenden GEMA-Berechtigungsvertrag übertragen die Urheber und Verleger die Filmherstellungsrechte der GEMA unter einer auflösenden Bedingung. Die Bedingung tritt dann ein, wenn der Berechtigte der GEMA innerhalb von 4 Wochen nach Kenntnisnahme vom jeweiligen Einzelfall schriftlich mitteilt, daß er diese Rechte selbst wahrnehmen möchte (§ 1 i) (1)). Von diesem noch leicht nachvollziehbaren Grundsatz gibt es jedoch in § 1 i) (3) eine wichtige Ausnahmeregelung, die in der Praxis zu zahlreichen Mißverständnissen und Auslegungsproblemen führt: Bei Fernsehproduktionen vergibt - und zwar ohne auflösende Bedingung oder Rückübertragungsmöglichkeiten - die GEMA die Filmherstellungsrechte an die Fernsehanstalten. Diese Regelung im Berechtigungsvertrag ist sozusagen das Korrelat zu einer generellen Nutzungsvereinbarung zwischen Rundfunkanstalten und GEMA, in der die Filmherstellungsrechte für TV-Produktionen zusammen mit den Senderechten vergeben wird.
Allerdings - und spätestens hier wird es problematisch - gibt es auch von dieser Ausnahmeregelung wiederum zahlreiche Ausnahmen: So ist auch bei Fernsehproduktionen eben doch die Einwilligung der Urheber bzw. der Verlage erforderlich, wenn es sich z.B. um Coproduktionen oder Werbeproduktionen handelt, wenn größere Teile aus dramatisch-musikalischen Werken eingespielt werden oder wenn die Fernsehproduktion »von Dritten« genutzt werden soll (siehe GEMA-Berechtigungsvertrag (§ 1 i) (2)-(4)).
Eine ähnliche, wenn auch nicht so komplizierte Regelung gilt hinsichtlich der Einspielung von Tonträgern. Die Einblendungsrechte der Leistungsschutzberechtigten sind grundsätzlich durch den sog. Schallplattensendevertrag zwischen GVL und den Rundfunkanstalten abgedeckt. Etwaige Einschränkungen für einzelne Aufnahmen können über ein Schlüsselsystem im aktuellen GVL-Loseblattkatalog festgestellt werden. Bei Kino- und Videoauswertung hat man sich jedoch an die jeweiligen Künstler bzw. Tonträgerfirmen zu wenden.
Dieses System der Rechtevergabe hat für den deutschen TV-Produzenten zunächst den Vorteil, daß er in eine Auftragsproduktion beliebig viele Schallplatten einspielen darf, ohne sich um die Bezahlung irgendwelcher

sync-rights kümmern zu müssen. Diese Rechte sind vielmehr mit den bei der Fernsehausstrahlung von den jeweiligen Rundfunkanstalten zu zahlenden Sendetantiemen mitabgegolten. Allerdings kann ein großzügiger Gebrauch dieses Freibriefes für die Produzenten und Verwerter schnell zum Eigentor werden. Soll nämlich die Fernsehproduktion später »von Dritten« - also z.B. vorab im Kino bzw. nach der Ausstrahlung auf Video ausgewertet werden, muß laut Berechtigungsvertrag die Einwilligung von den Originalberechtigten, d.h. in der Regel von den Verlegern und Tonträgerfirmen die weder einem Abschlußzwang noch festen Tarifen unterliegen eingeholt werden.

Etliche TV-Produzenten und Rundfunkanstalten, die der Verlockung der zunächst unentgeltlichen Musikeinspielungen erlegen sind, mußten bereits die bittere Erfahrung machen, daß ihre teuren Produktionen wegen dieser kaum durchschaubaren Rechtesituation außerhalb des deutschen Fernsehens gar nicht oder nur nach aufwendigen Nachmischungen ausgewertet werden konnten. Nachdem insbesondere immer mehr Verleger jede ausländische TV-Ausstrahlung ebenfalls als Auswertung »durch Dritte« im Sinne des Berechtigungsvertrages bewerten und dieses Recht selbst wahrnehmen, kann den Rundfunkanstalten und Produzenten noch eine ganze Flut von Lizenz- und Regreßansprüchen bevorstehen. Viele Filmhersteller und Verwerter scheinen sich allerdings dieses urheberrechtlichen Zündstoffes nicht bewußt zu sein und bestücken nach wie vor international auswertbare Fernsehserien mit zahlreichen aktuellen Welthits.

Tatsache ist, daß sich die früher sicherlich sinnvolle Ausnahmeregelung für deutsche TV-Produktionen in der heutigen Medienlandschaft, in der die TV-software weltweit und in verschiedenen Nutzungsarten zirkuliert, zu einem unnötigen und riskanten Stolperstein entwickelt hat. Daran hat vor allem die irreführende Formulierung des § 1 i) (3) des GEMA-Berechtigungsvertrages maßgeblichen Anteil.[15]

Die Konsequenz kann nur sein, daß entweder die GEMA und GVL die Filmherstellungsrechte und Einblendungsrechte weltweit und für alle Nutzungsarten wahrnehmen oder daß den Verwertungsgesellschaften diese Rechte ganz entzogen werden. Sollte sich der letztere Weg durchsetzen, müssen allerdings einige deutsche Verleger und Tonträgerfirmen wieder auf den Boden der Realität zurückkommen. Die bisweilen von diesen geforderten »Mondpreise« und Beschränkungen können nur dazu führen, daß sich

15 Wie mißglückt diese Regelung ist, zeigt sich u.a. daran, daß momentan selbst die GEMA und ihre Mitglieder im Unklaren sind, wer die Filmherstellungsrechte bei Ausstrahlung deutscher TV-Produktionen im Ausland wahrnimmt.

immer mehr Lizenznehmer die Rechte direkt bei den anglo-amerikanischen Rechteinhabern zu wesentlich günstigeren Konditionen beschaffen oder andere Auswege suchen.[16]
Für welche Lösung man sich auch entscheidet: Klarheit und Rechtssicherheit in diesem Bereich sind dringend notwendig. Vielleicht kann das heutige Symposion dazu einen Beitrag leisten.

16 Mit dieser Kritik soll nicht die Angemessenheit der Empfehlungen des Musikverleger-Verbandes insgesamt in Frage gestellt werden. Allerdings werden überzogene Forderungen einzelner Verleger und Tonträgerfirmen, die manchmal sechstellige Summen für kurze Musikeinspielungen verlangen, letztlich dazu führen, daß immer mehr Produzenten auf kostengünstigere Eigenproduktionen oder Archivmusik zurückgreifen. Ähnliche Folgen wird das Beharren einiger deutscher Verleger auf 7- oder 10jährige Befristung der sync-rights haben. Bevor ein Film- oder TV-Produzent die langfristige Auswertung eines Filmwerkes gefährdet, wird er auf die Musikeinspielung ganz verzichten oder ggf. den Kontakt zu amerikanischen Originalverlegern suchen, die - zu den gleichen Preisen wie die deutschen Subverleger - viel eher bereit sind, die sync-rights unbefristet zu lizenzieren.

*Wolfgang Mewes*

# »Musik im Film« aus der Sicht der Verleger

Die hier angesprochenen Nutzungsrechte finden ihren Niederschlag im Gesetz über Urheberrecht und verwandte Schutzrechte (Urheberrechtsgesetz) vom 9. September 1965 (BGBI. I 1273).
Die Terminologie des Nutzungsrechtes nach Fromm/Nordemann/Hertin 7. Auflage, lautet:

> Das *Nutzungsrecht* ist die Befugnis, das Werk in einer bestimmten Nutzungsart zu nutzen. Mit jeder Nutzungsart korrespondiert ein gesondertes Nutzungsrecht. Wird dem Verwerter die Nutzung in mehreren Nutzungsarten gestattet, so verfügt er über mehre Nutzungsrechte.
> § 32 UrhG stellt klar, daß auch im Rahmen einer bestimmten Nutzungsart (z.B. Vorführung eines Films in Lichtspieltheatern) räumliche, zeitliche und inhaltliche Beschränkungen des Nutzungsrechts möglich sind (beispielsweise das Recht zur Kino-Erstaufführung in der 1. Mai-Woche eines bestimmten Jahres in Hamburg). Sie haben dingliche Wirkung mit der Folge, daß der Erwerber ein weitergehendes Recht nicht hat.

Zur *Zweckübertragungstheorie* aus gleicher Quelle:

> Soweit eine ausdrückliche Vereinbarung über den Umfang der Rechtseinräumung nicht getroffen wurde, richtet sich dieser nach dem im Vertrage verfolgten Zweck. Diese Auslegung war schon im früheren Recht unter dem Namen Zweckübertragungstheorie berühmt geworden. Ihr Ausgangspunkt ist die Feststellung, daß das Urheberrecht die Tendenz hat, so weit als möglich beim Urheber zurückzubleiben. Diese Feststellung ergab sich für das frühere Recht aus § 14 LUG, wonach dem Urheber im Falle der Übertragung des Urheberrechts praktisch alle nicht ausdrücklich genannten Befugnisse verblieben. Für die Neuregelung ergibt sie sich aus der Entscheidung des Gesetzgebers, die Übertragung des Urheberrechts auszuschließen und nur die Einräumung einzelner Nutzungsrechte zuzulassen. Diese Regelung beruht auf dem Leitgedanken

einer möglichst weitgehenden Beteiligung des Urhebers an den wirtschaftlichen Früchten der Verwertung seines Werkes.

Im UrhG kommt der Begriff *»Filmherstellungsrecht«* nicht vor. Der Paragraph 88 spricht nur von der Gestattung des Urhebers »sein Werk zu verfilmen« und knüpft daran die Auslegung, die Gestattung nur auf eine bestimmte Auswertung zu beschränken.
Das Urheberrecht wird ständig weiterentwickelt durch die laufende Rechtsprechung.
Danach wird Art und Umfang der Nutzung eines Filmwerkes vom Zweck des Verfilmungsvertrages und damit auch von der in ihm enthaltenen Rechteeinräumung umfaßt. Im Filmbereich ist sowohl eine generelle Rechteeinräumung für die Kinoauswertung, Fernsehsendung und die Zweitauswertung im Videobereich, als auch eine Aufspaltung nach diesen drei Verwertungsmöglichkeiten zulässig. So hat das auch der BGH in seinem Urteil über *Videolizenzvertrag* vom 10. 7. 1986 (GRUR 1987, 37, 38) bewertet.
Die Vergabe des Filmherstellungsrechtes erfolgt zu unterschiedlichen Bedingungen je nachdem in welchem Umfange die Rechteeinräumung erfolgt.
Wer nimmt nun in der Praxis diese durch das UrhG dem Urheber gewährten Rechte wahr?
Der Urheber räumt dem Verlag durch Vertrag die Nutzungsrechte an seinem Werk zur gemeinsamen Einbringung in die GEMA ein. Soweit diese im Falle der Herstellung eines Filmes oder jeder anderen Art von Aufnahme auf Bildtonträger erfolgt, werden diese Rechte unter einer auflösenden Bedingung übertragen. Dieses regelt der GEMA-Berechtigungsvertrag, der nun in den Mittelpunkt unserer Betrachtungen rückt.
Urheber und Verleger haben einen großen Teil ihrer Rechte durch Abschluß dieses Berechtigungsvertrages (in Folge GBV genannt) der GEMA übertragen.
Bei der Filmmusik sind dies
das *Filmvorführungsrecht* gemäß § 1 f. GBV = ein Verwertungsrecht im Sinne von § 19 Abs. 2 und Abs. 4 Urheberrechtsgesetz.
das *Recht der Fernsehsendung und der Fernsehwiedergabe* gemäß § 1 d + e GBV = ein Verwertungsrecht im Sinne §§ 20 + 22 Urheberrechtsgesetz (Senderecht/Recht der Wiedergabe von Funksendungen).
das *Vervielfältigungs- und Verbreitungsrecht auf Bildtonträger* gemäß § 1 h GBV + ein Verwertungsrecht im Sinne von §§ 16 + 17 Urheberrechtsgesetz (Vervielfältigungs- bzw. Verbreitungsrechte). Die vorgenannten Rechte werden von der GEMA durch Abschluß von Pauschalverträgen für ihre Berechtigten wahrgenommen.

Die nachfolgenden Rechte sind jedoch von Urheber und Verleger der GEMA gemäß § 1 i Abs. 1 GBV nur unter einer auflösenden Bedingung übertragen, die eintritt, (ich zitiere wörtlich)

wenn der Berechtigte der GEMA schriftlich mitteilt, daß er die Rechte im eigenen Namen wahrnehmen möchte. Diese Mitteilung muß innerhalb einer Frist von 4 Wochen erfolgen; bei subverlegten Werken beträgt die Frist 3 Monate. Die Frist wird von dem Zeitpunkt an berechnet, zu dem der Berechtigte im Einzelfall Kenntnis erlangt hat. In der Mitteilung des Berechtigten an die GEMA über einen ihm selbst bekannt gewordenen Einzelfall muß die Erklärung enthalten sein, ob er die Rechte im eigenen Namen wahrnehmen möchte.

Der *Rückfall* tritt nur ein soweit es sich um die Benutzung zur Herstellung eines bestimmten Filmwerkes oder sonstigen Bildtonträgers handelt. Bei Filmwerken schließt der Rückfall das Recht zur Vervielfältigung und Verbreitung ein, soweit es sich um Werke handelt, die zur öffentlichen Vorführung in Lichtspieltheatern oder zur Sendung bestimmt sind. Bei sonstigen Aufnahmen auf Bildtonträger beschränkt sich der Rückfall auf die Befugnis, die Zustimmung zur Werkverbindung und zur Herstellung von 50 gesondert zu kennzeichnenden Vervielfältigungsstücken für Einführungszwecke zu erteilen.

Die Wahrnehmung der Rechte im eigenen Namen durch den Urheber bzw. seinen Verleger ist also möglich

*für die grundsätzliche Erlaubnis zur Benutzung eines Musikwerkes in einem Kinofilm*

gemäß § 1 i Abs. 1 GBV = ein Nutzungsrecht im Sinne von § 31 Abs. 1 bzw. § 88 Urheberrechtsgesetz

*die grundsätzliche Erlaubnis zur Benutzung eines Musikwerkes zur Verwendung auf Bildtonträgern*

gemäß § 1 i Abs. 1 GBV = ein Nutzungsrecht im Sinne von §§ 31 Abs. 1, 88 Abs. 1 Urheberrechtsgesetz.

Für die *Fernsehauswertung* ist der § 1 i Abs. 3 im GBV maßgeblich. Er legt fest, daß

bei *Fernsehproduktionen* die GEMA die Herstellungsrechte »insofern« an Fernsehanstalten vergibt, als es sich um Eigen- oder Auftragsproduktionen für eigene Sendezwecke und Übernahmesendungen handelt. Die Einwilligung der Berechtigten ist jedoch erforderlich, *wenn Dritte an der Herstellung beteiligt sind oder wenn die Fernsehproduktionen von Dritten genutzt werden sollen. Das gilt insbesondere für Co-Produktionen.* Hier bedarf es grundsätzlich nicht eines Rückrufes.

Warum hat die GEMA die vorgenannten Rechte den Berechtigten überlassen? Die GEMA und ihre Berechtigten sind zu der gemeinsamen Auffassung gelangt, daß die Wahrnehmung solcher Rechte nicht optimal durch Pauschalverträge sondern besser individuell wahrgenommen werden können. Bei dieser Erkenntnis hat auch das *Urheberpersönlichkeitsrecht* (§§ 11 + 12 UrhG) eine nicht unbedeutende Rolle gespielt. Im Gegensatz zur GEMA, die dem Wahrnehmungszwang unterliegt, kann der Urheber bzw. sein Verleger ein solches Recht auch grundsätzlich verweigern. Die Praxis zeigt, daß die Filmnutzungsrechte in den vergangenen Jahren fast ausschließlich von den Verlegern wahrgenommen wurden.

Vor einigen Jahren hat der *Deutsche Musikverleger Verband (DMV)* einen *Arbeitskreis »Nutzungsrechte«* ins Leben gerufen, der sich mit der Wahrnehmung der Rechte der Verleger beschäftigt. Dazu gehören u.a. auch die verschiedenen Arten der Filmnutzungsrechte. Der Arbeitskreis hat durch Erhebungen bei seinen Mitgliedern *Erfahrensregeln für die Höhe der Lizenzen bei der Vergabe von Filmnutzungsrechten* herausgegeben. Diese Erfahrensregeln werden ständig aktualisiert unter Berücksichtigung der Entwicklungen in der Praxis. Die Mitglieder des DMV haben auch einen *Leitfaden* zu dieser Lizenztabelle für die Musikverwendung im Film, Video, Fernsehen und sonstigen Bildtonträgerbereich erhalten.

Ursprünglich auch als Hilfestellung für die Berechnung von Schadensersatzansprüchen gemäß § 97 Abs. 1 UrhG (Lizenzanalogie) gedacht, haben diese Erfahrensregeln - verbunden mit dem Leitfaden - bereits Erwähnung in der Rechtssprechung gefunden.

Die Tabelle im Zusammenhang mit dem Leitfaden geht sehr individuell auf die Bedürfnisse der Produzenten von Kinofilmen ein, so die Möglichkeit der territorialen Begrenzung, eine verhältnismäßig langfristige Lizenzdauer von 7-10 Jahren, Abschläge für Low-Budget-Filme, Akademie-, Kultur- und Dokumentarfilme, sowie bei Vorführung auf Festivals mit Option auf späteren Erwerb weiterer Rechte.

Im Leitfaden werden die Mitglieder des DEUTSCHEN MUSIKVERLEGER VERBANDES ausdrücklich darauf hingewiesen, daß die Konstellation der jeweiligen Fernsehproduktion einer sorgfältigen Prüfung bedarf, ob es sich um eine Eigen-, Auftrags- oder Co-Produktion der betreffenden Sendeanstalt handelt.

Im Bereich Video wird ein 75 prozentiger Abschlag gewährt bei Mini-Auflagen bis 300 Stück und bei der Herstellung von Kassetten für besonders förderungswürdige Projekte, z.B. zu karitativen, religiösen und vergleichbaren nicht kommerziellen Zwecken. Die Grenzen zwischen U- und E-Musik sind fließend, wobei spezifische Eigenarten wie z.B. Materialent-

schädigungen zu beachten sind. Auch spielt hier die weltweite Bedeutung eines Werkes eine entscheidende Rolle bei der Lizenzbemessung.
Abgesehen von der Tatsache, daß für jede Nutzung eine gesonderte Rechteeinräumung erforderlich ist, können die Rechte gebündelt erworben werden, wobei sich durch die nur einmalige Berechnung der Mindestvergütung ein nicht unbedeutender finanzieller Vorteil für den Lizenznehmer ergeben kann. Hinzu kommt ein erheblicher Mengenrabatt bei größeren Projekten.
*Bei anglo-amerikanischen Filmen* sind die vorgenannten Rechte von den Studios bereits durch sogenannte *»Works made for hire«*-Verträge mit dem Filmkomponisten oder bei Einzeltiteln durch das sogenannte »Buy out« erworben worden. Unabhängig davon überprüfen die deutschen Subverleger durch Rückfragen beim Originalverleger die Richtigkeit solcher Angaben.
Im deutschsprachigen, auch kontinental-europäischen Rechtskreis werden diese Rechte durch den Filmproduzenten vom Urheber oder seinem Verleger erworben.
Die Verleger als Treuhänder der Autoren stellen fest, daß auch die Filmindustrie anerkennt, daß den Autoren eine angemessene Entschädigung für die Nutzung ihrer Werke nicht verweigert werden kann. Ich bin überzeugt, daß die Rechtsprechung hier noch die letzten Lücken schließen wird.
Unerfreulich ist, daß es noch immer einzelne Filmproduzenten gibt, die selbst in Kenntnis der urheberrechtlichen Konsequenzen Rechte der Autoren und Verleger ignorieren und diese nutzen, ohne die dafür erforderliche Genehmigung zu besitzen. Die Verleger sind verpflichtet diesen Rechtsverletzungen entschieden zu begegnen und haben sich auch in der Vergangenheit nicht gescheut, notfalls einstweilige Verfügungen gegen die Aufführungen solcher Filme zu erwirken.
Wenn auch leider die Rechtsprechung den Autoren und Verlegern hier nur den einfachen Schadensersatz zubilligt (bei den Verwertungsgesellschaften kommt es zu einer Verdoppelung der üblichen Sätze bei den Aufführungsrechten als Kontrollzuschlag), so hoffen wir doch, daß in Anbetracht der nicht unerheblichen Anwalts- und Gerichtskosten Rechtsverletzern die Lust an solchen »Kavaliersdelikten« vergeht.
Ich möchte nun auf die wirtschaftliche Seite zu sprechen kommen, die sicherlich für alle Beteiligten von hoher Bedeutung ist. Es muß dem immer wiederkehrenden Argument, daß die finanziellen Forderungen der Autoren und Verleger zu hoch seien und für die Filmproduzenten wirtschaftlich nicht tragbar, entgegen getreten werden.

*Vermarktung im Fernsehbereich*

Der Markt hat sich durch die Privaten Fernsehstationen inzwischen wesentlich vergrößert. Zum Vorteil der Film-Produzenten und Anbieter hat die verstärkte Nachfrage zu einer gewaltigen Erhöhung der Lizenzpreise geführt. Die DEGETO, die im Auftrag der ARD-Anstalten die Ankäufe von Spielfilmen zu Fernseh-Sendezwecken abwickelt, hat ihren Etat von 1988 zu 1990, in nur zwei Jahren, von 83 Mio. auf 180 Mio. erhöht. Der Durchschnitts-Minutenpreis hat sich dadurch gleichzeitig bei 37 600 Sendeminuten in 1990 von DM 2.242,– auf DM 4.800,– mehr als verdoppelt, das ergibt ein rechnerisches Mittel von mehr als DM 400.000,– pro Film bei einer Länge von 90 Minuten.
Beim ZDF hat sich der Etat von 1988 zu 1990 von 58,1 Mio. auf 67,2 Mio. erhöht. Bei 34 150 Sendeminuten liegt hier der Minutenwert bei DM 1.970,–. Die vorgenannten Angaben wurden entnommen aus den Jahrbüchern von ARD und ZDF. Zuverlässiges Zahlenmaterial über die Privatsender liegt nicht vor, man kann hier selbst bei vorsichtiger Schätzung davon ausgehen, daß der Gesamt-Etat von ARD + ZDF mit ca. 250 Mio. noch einmal zu verdoppeln ist, sodaß wir hier von einem Markt in Höhe von einer halben Milliarde ausgehen können. Die Urheberlizenz der Autoren und Verleger für die Nutzungsrechte im Fernsehen beträgt zwar DM 1.680,– pro Minute, ist aber mit den vorgenannten Zahlen nicht vergleichbar, da die Verträge mit den Urhebern und Verlegern mindestens auf 7 meistens auf 10 Jahre abgeschlossen sind; die Verträge der Film-Anbieter mit den Fernsehanstalten dagegen auf wesentlich kürzere Zeiträume, somit findet eine mehrfache Nutzung statt. Zudem handelt es sich bei den Nutzungen des verlegten Repertoires fast ausschließlich um Hits und Evergreens, die während des Spielfilms nur in einer Länge von 2-3 Minuten verwendet werden, aber trotzdem eine Schlüsselfunktion im Film einnehmen und oft dem Film auch noch seinen Titel gegeben haben.

*GEMA-Lizenzen und Abrechnungen*

Gerne werden auch die angeblich hohen GEMA-Einnahmen der Autoren angeführt. Wie sieht das nun wirklich aus?

*Bei Vorführung in Lichtspieltheatern*

Die GEMA Lizenz für ein Kino bis 40 Monatsvorstellungen und bis zu 200 Sitzplätzen beträgt leider, so muß ich sagen, nur DM 4,65 pro Jahr und

Platz. Das führt zu einem Minutenwert für eine Aufführung für alle beteiligten Urheber und Verleger von sage und schreibe DM 0,021, für einen Film von 90 Minuten sind das DM 1,89 pro Aufführung.
Für einen Film, der kein überragendes Publikumsinteresse erzielt, aber durchaus noch als geschäftlich erfolgreich bezeichnet weden kann, liegen die Aufführungszahlen bei 4 bis 5000. Nicht erfolgreiche Filme liegen oft weit unter 1000 Aufführungen. Nur wenige Publikumsbestseller erreichen mehr als 10 000 Aufführungen.
Im Gegensatz zu Italien und Frankreich, wo die Einnahmen der Verwertungsgesellschaften ein Vielfaches der deutschen ausmachen, haben die niedrigen Tarife der GEMA für die Musikwiedergabe in Filmtheatern zur Folge, daß deutsche Verleger als Musikproduzenten von Spielfilmen nicht auftreten können. Sie haben keine Chance, die hohen Kosten auch nur annähernd zu amortisieren. Bisher gibt es nur bescheidene Ansätze bei Fernsehproduktionen. Die Filmmusik wird in solchen Fällen als Archiv-Musik weiteren Nutzungen zugeführt und auch umgekehrt bereits vorbestehende Archiv-Musik mit verwendet.
Mehrere deutsche Musikverleger haben sich ein Musik-Archiv angelegt, das zur Nutzung in Film und Fernsehen an Produzenten zur Verfügung steht. Bedingt durch die Tatsache, daß diese Archiv-Musik mehrfach verwendet wird, sind die Nutzungsentschädigungen sehr gering, (z.B. pro Minute DM 104,– inklusive kostenlose Lieferung des Tonträgers).
Unverständlich ist deshalb, daß heute noch einzelne Produzenten GEMA-freie Musik verwenden, obwohl in den meisten Fällen (so z.B. bei Fernsehproduktionen) tarifliche Ansprüche bereits durch den Senderechtsvertrag der Anstalten mit der GEMA pauschal abgegolten sind. Auch der entsprechende GEMA-Tarif bei Einzelabschlüssen (DM 120,– pro Minute zeitlich und örtlich unbegrenzt) sollte die Produzenten veranlassen, von Angeboten GEMA-freier Musik Abstand zu nehmen, da es sich oft auch um Autoren handelt, die eine doppelte Identität haben, wobei Risiken auch für den Musikverwerter nicht auszuschließen sind.

*Bei Aufführungen im Fernsehen*

Das Fernsehsenderecht der GEMA in der Sparte »Tonfilm im Fernsehen« wurde im Jahr 1990 mit DM 129,19 für 1000 Sekunden für alle Beteiligten abgerechnet. Das ergibt einen Minutenwert von DM 7,75 für eine Station der ARD. Bei RTL Plus und SAT 1, um die größten privaten Stationen zu erwähnen, sind es DM 15,50. Bei TELE 5 zum Beispiel nur DM 1,20.

*Bei den VIDEO-Vervielfältigungsrechten*

Im Video-Bereich zahlt der Hersteller an die GEMA, wenn ein Gesamtvertrag vorliegt, 3 % vom Nettoverkaufspreis und zwar nur vom Anteil der Musikspielzeit. Bei einem mittleren Nettoverkaufspreis für einen 90 Minuten Spielfilm in Höhe von DM 40,- und einem Musikanteil von 50 % würde das DM 0,60 für alle Beteiligten ausmachen.
Man kann also sagen, daß die Forderungen der Urheber und Verleger für die Nutzungsrechte in Anbetracht ihrer geringfügigen GEMA-Einnahmen durchaus angemessen sind. Wenn man berücksichtigt, welche Einnahmen aus der Vermarktung der Filme entstehen, so ist es an der Zeit, daß dem musikalischen Urheber in der Filmproduktion auch wirtschaftlich der Platz zugeordnet wird, der ihm gebührt. Bedenken Sie:

Was wäre

Das *»Frühstück bei Tiffany«* ohne den *»Moon River«*
von Henry Mancini
*»Spiel mir das Lied vom Tod«* ohne das einmalige Thema
von Ennio Morricone
Marlene Dietrich im *»Blauen Engel«* ohne Friedrich Holländers
*»Ich bin von Kopf bis Fuß auf Liebe eingestellt«*
*»Das Boot«* ohne die Musik von Klaus Doldinger, die gerade in diesem Jahr wieder monatelang die Nummer E i n s der deutschen Hitparade eingenommen hat
und kein geringerer als Rainer Werner Fassbinder hat den Welt-Erfolg *»Lili Marleen«* von Norbert Schulze zum Gegenstand einer Verfilmung gemacht.

Das waren nur einige Beispiele, die aus der Filmgeschichte nicht mehr wegzudenken sind.

*Jürgen Becker*

# Musik im Film
# Rechtsprobleme aus der Sicht der GEMA

Nach meiner Einleitung und den Ausführungen meiner Herren Vorredner brauche ich auf das besondere symbiotische Verhältnis von Musik und Film nicht mehr einzugehen. Ich darf deshalb sogleich an den Vortrag von Herrn Mewes anschließen, der aus der Sicht eines Musikverlegers, eines GEMA-Mitglieds und eines Mitglieds des GEMA-Aufsichtsrates bereits eine Reihe GEMA spezifischer Gesichtspunkte des Zusammentreffens von Musik und Film in die Diskussion eingeführt hat. Hieran möchte ich anknüpfen.
Das Thema Musik im Film ist insbesondere mit Blick auf den GEMA-Berechtigungsvertrag für eine Vereinfachung unzugänglich. Paul Katzenberger spricht im Zusammenhang mit den Videorechten sogar von einem »Filmdrama«[1]. Dennoch erlaube ich mir, auch auf die Gefahr hin, mir den Ruf eines »horrible simplificateur« einzuhandeln, mit Unbefangenheit an das Thema heranzugehen. Das Auditorium ist herzlich eingeladen, mit Beispielen aus der Rechtspraxis dann zu weiteren Klärungen beizutragen.
Aus Erfahrung weiß ich jedoch, daß es sich selbst bei einem so hochkarätigen Auditorium - wie dem hier versammelten - empfiehlt, mit ein paar Sätzen Funktion und Selbstverständnis der GEMA in Erinnerung zu rufen:

1 Vom Kinofilm zum Videogramm, in: Festschrift zum Hundertjährigen Bestehen der Deutschen Vereinigung für gewerblichen Rechtsschutz und Urheberrecht und ihrer Zeitschrift, Band II, S. 1432. Zum Filmherstellungsrecht vgl. ausführlich *Wolf* und *Matthias Schwarz,* Die Bedeutung des Filmherstellungsrechtes für die Auswertung des fertiggestellten Filmes, in: ZUM 1988, S. 429 ff.; *Bernd Joch,* Das Filmherstellungsrecht im hergestellten Film. Zur Reichweite des Rechterückfalls in den Berechtigungsverträgen der GEMA, in: Festschrift für Wolf Schwarz zum 70. Geburtstag, 1988, S. 131 ff; Eine umfassende Übersicht über die Rechtsprechung findet sich bei *Christof Krüger,* Zur Wahrnehmung des sog. Filmherstellungsrechts durch die GEMA, in: Festschrift für Ernst Reichardt zum 70. Geburtstag, 1990, S. 79 ff.

## I. *Selbstverständnis und Tätigkeitsbereich der GEMA*[1a]

Der Tätigkeitsbereich der GEMA ergibt sich aus ihrem Namen: »Gesellschaft für musikalische Aufführungs- und mechanische Vervielfältigungsrechte«, aus § 2 ihrer Satzung: »Zweck des Vereins ist der Schutz des Urhebers und die Wahrnehmung seiner Rechte im Rahmen dieser Satzung« und aus den Berechtigungsverträgen, die die GEMA mit Komponisten, Textdichtern und Musikverlegern abschließt.
Die der GEMA zur kollektiven Verwertung übertragenen Rechte und Ansprüche sind allein im GEMA-Berechtigungsvertrag festgelegt.
Die GEMA versteht ihren in der Satzung festgelegten Zweck in einem weiten Sinn: dazu gehört u.a. auch, sich national, innerhalb der EG und auch international für die Rechtsfortbildung des Urheberrechts einzusetzen, das die wirtschaftliche Kehrseite des geistigen Eigentums bildet, ohne die der schöpferische Mensch seine Kreativität nicht entfalten kann. Insofern ist die GEMA nicht nur Inkassoorganisation, sondern auch Schutzorganisation für den schöpferischen Menschen.
Im Verhältnis zwischen Komponisten, Textdichtern und Verlegern einerseits und der GEMA andererseits ist der Berechtigungsvertrag das wichtigste Band. Im Berechtigungsvertrag übertragen Komponisten, Textdichter und Musikverleger der GEMA die ausschließlichen Nutzungsrechte und Vergütungsansprüche und erteilen ihr den Auftrag zur treuhänderischen Wahrnehmung dieser Rechte. Auf dieser Grundlage räumt die GEMA den Musikverwertern (-nutzern) die gewünschten Nutzungsrechte ein und ist damit auch befugt, unbefugte Nutzungen von Musik zu verbieten. Der Urheber selbst kann - auf Ausnahmen komme ich noch zu sprechen - ohne Genehmigung der GEMA über seine Nutzungsrechte nicht mehr verfügen. Die GEMA macht keine Gewinne, sondern sie leitet die von ihr eingenommenen Beträge nach Abzug der ihr für das Inkasso und für die Verteilung entstandenen Kosten an jeden einzelnen Berechtigten weiter.
Durch die mit ausländischen Verwertungsgesellschaften abgeschlossenen Gegenseitigkeitsverträge, in denen sie diesen ihre Rechte zur Wahrnehmung überträgt und umgekehrt, besitzt die GEMA im Bereich ihrer Tätigkeit für ihr nationales Verwaltungsgebiet faktisch das »Weltmonopol«.
Es gehört aber zum Selbstverständnis der GEMA, wie auch der meisten anderen Verwertungsgesellschaften, daß sie sich nur diejenigen Rechte über-

1a Vgl. dazu ausführlich *Reinhold Kreile* und *Jürgen Becker,* Aufgaben und Arbeitsweise von Verwertungsgesellschaften, namentlich der GEMA, in: Moser/Scheuermann (Hg.) Handbuch der Musikwirtschaft, 1992, S. 453 ff.

tragen läßt, zu deren Wahrnehmung der einzelne Urheber nicht mehr in der Lage ist, oder wenn die GEMA vom Gesetzgeber mit der Wahrnehmung von Rechten betraut wurde wie z.B. in den Fällen der privaten Vervielfältigung (§§ 53, 54 UrhG) sowie bei der Vermietung und beim Verleih von Vervielfältigungsstücken (§ 27 UrhG).
Ich möchte aus der Sicht der GEMA zwei Problemkreise vertiefen, mit deren rechtlicher Delikatesse viele von Ihnen vertraut sind: nämlich die Frage nach den Filmherstellungsrechten, namentlich bei der Videozweitverwertung und bei der Lizenzierung von Musik-Bildtonträgern. Zum Schluß werde ich noch kurz auf das sog. Fernsehfilmherstellungsrecht eingehen.
Ich bitte bereits jetzt schon um Nachsicht, wenn ich angesichts der Komplexität der Materie, wie im Kolleg, schulmäßig, aber hoffentlich nicht schulmeisterisch, vorgehe und dabei etwas weiter aushole:

## II. *Das Recht zur Benutzung eines Musikwerkes zur Herstellung eines Films*

### 1. *Der Erwerb des Filmherstellungsrechts*

Für die GEMA gilt der Grundsatz: Die Rechte zur Benutzung eines Musikwerkes zur Herstellung »von Filmwerken oder jeder anderen Art von Aufnahmen auf Bildtonträger« haben die Berechtigten gem. § 1 h) und i) (1) des Berechtigungsvertrages (BV) der GEMA übertragen. Die Existenz eines urheberrechtlichen Filmherstellungsrechts wird heute allgemein bejaht, lediglich seine Rechtsnatur ist umstritten. Der Begriff »Filmherstellungsrecht« ist kein vom Gesetzgeber verwendeter Begriff, sondern entstammt der »Terminologie der Kautelarjurisprudenz bzw. der Filmwirtschaft«[2]. Auch in § 88 UrhG findet sich dieser Begriff nicht, dieser spricht lediglich vom »Verfilmungsrecht«.

### 2. *Die Rechtsnatur des Filmherstellungsrechts*

In Urheberrechtskreisen wird die Auffassung vertreten, es handle sich beim Filmherstellungsrecht/Verfilmungsrecht von Werken der Musik um ein Verwertungsrecht im Sinne des nicht abschließend formulierten Katalogs von Verwertungsrechten der §§ 15 ff. UrhG. Wer diese Auffassung nicht

2 Vgl. *Christof Krüger,* Zur Wahrnehmung des sog. Filmherstellungsrechts durch die GEMA, in: Festschrift für Ernst Reichardt zum 70. Geburtstag, 1990, S. 81.

teilt, und das scheint die wohl herrschende Meinung zu sein, sieht im Verfilmungsrecht ein vertraglich einräumbares Nutzungsrecht im Sinne der §§ 31 ff. UrhG und damit eine wirtschaftlich selbständige Art der Nutzung geschützter Werke. Es ist daher legitim vom »Verfilmungsrecht« als einem selbständigen Nutzungsrecht zu sprechen[3]. Hubmann/Rehbinder subsumieren das Verfilmungsrecht unter das der Einwilligung des Urhebers unterliegende Bearbeitungsrecht (§ 23 UrhG), denn die Verfilmung sei »grundsätzlich eine Bearbeitung des zur Herstellung des Filmwerkes benutzten Werkes«[4].
Die herrschende Meinung sieht also in der Benutzung eines (Musik-) Werkes zur Filmherstellung eine eigenständige Nutzungsart und demzufolge im Filmherstellungsrecht ein Nutzungsrecht i.S.d. § 31 ff. UrhG, welches aus dem Vervielfältigungsrecht des § 16 UrhG abgespaltet wird[5]. Wer unter Verwendung von Musikwerken ein Filmwerk herstellen will - oder einfacher gesagt, wer einen Film mit geschützter Musik drehen will - muß Inhaber eines entsprechenden Filmherstellungsrechts sein. Der Filmproduzent muß also in jedem Fall das Filmherstellungsrecht erwerben. Erst dessen Einräumung versetzt ihn in die Lage, ein bestimmtes Musikstück im Film zu verwenden.

### 3. *Der Rückruf/Rückfall des Filmherstellungsrechts*

Soweit der Komponist einer Filmmusik GEMA-Mitglied ist, müßte das Filmherstellungsrecht grundsätzlich von der GEMA erworben werden, da jeder GEMA-Berechtigte »der GEMA als Treuhänderin für alle Länder alle ihm gegenwärtig zustehenden und während der Vertragsdauer noch zuwachsenden, zufallenden, wieder zufallenden oder sonst erworbenen Urheberrechte« zur Wahrnehmung überträgt (§ 1 BV). Allerdings wird der GEMA das Filmherstellungsrecht gem. § 1 i) (1) BV nur unter einer *auflösenden Bedingung* übertragen, die eintritt, »wenn der Berechtigte der GEMA schriftlich mitteilt, daß er das Filmherstellungsrecht im eigenen Namen wahrnehmen möchte. Diese Mitteilung muß innerhalb einer Frist von vier Wochen erfolgen; bei subverlegten Werken beträgt die Frist drei Monate. Die Frist wird von dem Zeitpunkt an berechnet, zu dem der Berechtigte im Einzelfall Kenntnis erlangt hat. In der Mitteilung des Berech-

3 Vgl. *Schricker/Katzenberger* vor §§ 88 ff., Rz. 30.
4 Urheber- und Verlagsrecht, 1991, § 27 II 4.
5 Vgl. ausführlich *Andreas Scheuermann*, Urheber- und vertragsrechtliche Probleme der Videozweitauswertung von Filmen, 1990, S. 98 ff.

tigten an die GEMA über einen ihm selbst bekanntgewordenen Einzelfall muß die Erklärung enthalten sein, ob er die Rechte im eigenen Namen wahrnehmen möchte.
Der Rückfall tritt nur ein, soweit es sich um die Benutzung zur Herstellung eines bestimmten Filmwerkes oder sonstigen Bildtonträgers handelt. Bei Filmwerken schließt der Rückfall das Recht zur Vervielfältigung und Verbreitung ein, soweit es sich um Werke handelt, die zur öffentlichen Vorführung in Lichtspieltheatern oder zur Sendung bestimmt sind. Bei sonstigen Aufnahmen auf Bildtonträger beschränkt sich der Rückfall auf die Befugnis, die Zustimmung zur Werkverbindung und zur Herstellung von 50 gesondert zu kennzeichnenden Vevielfältigungsstücken für Einführungszwecke zu erteilen.«
Dieser »Rückruf« oder in der GEMA-Sprache »Rückfall« ist die Regel, weil das Filmherstellungsrecht zu den Rechten gehört, die vom Berechtigten, sei es vom Komponisten selbst oder sei es vom Verleger ohne Probleme individuell wahrgenommen werden können. Die GEMA fungiert auch als Vermittlerin, die den Berechtigten vom Wunsch eines in- oder ausländischen Filmproduzenten informiert, daß dieser ein bestimmtes Musikstück von ihm in einem Film verwenden möchte. Der GEMA-Berechtigungsvertrag enthält deshalb die Pflicht, daß sich GEMA und Berechtigter gegenseitig von allen bekannt werdenden Fällen benachrichtigen (§ 1 i) (1) BV).

### 4. *Die GEMA-Praxis*

Wie läuft der Rückfall in der Praxis ab? Durch Schreiben können die Berechtigten der GEMA mitteilen, daß sie gegenüber dem Verwerter entsprechend § 1 i) des Berechtigungsvertrages das Filmherstellungsrecht im eigenen Namen wahrnehmen wollen. Aufgrund dieser Erklärung ist das Filmherstellungsrecht an dem bestimmten Musikwerk an den Berechtigten zurückgefallen und kann von ihm im eigenen Namen für einen bestimmten Film wahrgenommen werden. Nach einer ständigen Übung zwischen der GEMA und den Berechtigten genehmigt die GEMA bei Eintritt des Rückfalls stillschweigend den vom Komponisten bzw. Verleger mit dem Filmproduzenten abgeschlossenen Filmmusikvertrag, wobei sie davon ausgeht, daß der Filmmusikvertrag dem Filmmusikvertrags- Musterformular und den gleichzeitig vereinbarten Allgemeinen Bedingungen zum Filmmusikvertrag entspricht. Die bei der Filmherstellung verwendete Filmmusik wird entweder vom Urheber bzw. Verleger der Filmmusik oder vom Produzenten in einer sog. Musikaufstellung zusammengefaßt und der GEMA zugesandt. Nach Überprüfung der Aufstellung wird der Musikinhalt des Films für Do-

kumentations- und Abrechnungszwecke in der GEMA-Datenbank gespeichert.
Es versteht sich, daß die Höhe der Vergütung für das Filmherstellungsrecht zwischen dem Berechtigten und dem Produzenten individuell und frei ausgehandelt wird. Sie unterliegt keinem Einfluß seitens der GEMA.
Für den seltenen, aber eher unwahrscheinlichen Fall, daß der Berechtigte von seinem Rückrufrecht nicht Gebrauch macht, das Herstellungsrecht also von der GEMA wahrgenommen wird, geschieht dies auf der Grundlage der gegenwärtig gültigen Vergütungssätze VR-TH-F1, die auch die Kopienanzahl erfassen.

### III. *Das Filmvorführungsrecht*

Bei der GEMA verbleibt jedoch in jedem Fall das ihr gem. § 1 f) BV übertragene *Filmvorführungsrecht,* ein Recht, das dem Urheber gem. § 15 UrhG i.V.m. § 19 Abs. 4 UrhG zusteht.
Die GEMA hat für das Filmvorführungsrecht mit dem Hauptverband der deutschen Filmtheater sog. Pauschaltarife vereinbart und veröffentlicht: Der Tarif T-F gilt für Filmtheater, in denen regelmäßige Filmvorführungen stattfinden. Er wird berechnet aus der Anzahl der Sitzplätze sowie der Zahl der Vorstellungen im Monat. Der Tarif T-R gilt bei Filmvorführungen, die nicht in Kinos stattfinden. Dazu gehören z.B. auch Pornogeschäfte, Erotik-Shops etc.. Nach den Vergütungssätzen des Tarifs T wird dann abgerechnet, wenn es sich um Filmvorführungen handelt, die beispielsweise im Rahmen von Vorträgen der Volkshochschulen, ADAC, Deutscher Alpenverein etc. durchgeführt werden. Der Tarif T-W-AV ist einschlägig insbesondere bei Wirtschaftsfilmen, die z.B. von der Industrie in Auftrag gegeben und unentgeltlich und öffentlich vorgeführt bzw. wiedergegeben werden.
Der Gesamtumsatz der GEMA aus allen vier Filmvorführungstarifen betrug im Jahr 1991 lediglich DM 7,5 Mio. Zurecht hat Herr Mewes die geringe Höhe dieser Tarife beklagt, die auch einem europäischen Vergleich kaum standhalten. Bei der Erhöhung sind der GEMA jedoch die Hände gebunden, da ihr von der Schiedsstelle wie von den Gerichten Tariferhöhungen in der Regel immer nur in kleinen und begrenzten Schritten zugestanden werden.

## IV. *Probleme der Videoverwertung*

### 1. *Die Herstellung einer neuen Werkschöpfung auf Videoband*

Meine Ausführungen zu den Rechtsproblemen, die sich aus der Sicht der GEMA bei der Benutzung von Musik zur Herstellung eines Filmes, d.h. Kinofilmes, ergeben, gelten grundsätzlich auch für den Fall einer *neuen* (Film-) Werkschöpfung auf Videoband - d.h. einer originären Videoproduktion - oder auf einem sonstigen Bildtonträger. Gemäß der bereits zitierten Formulierung geht es in § 1 i) (1) bzw. h) BV um die Herstellung von Filmwerken und um die Herstellung »jeder anderen Art von Aufnahmen auf Bildtonträger«. Diese Umschreibung, die neuen technischen Entwicklungen Raum läßt, d.h. sie von vornherein einbezieht, setzt die Herstellung von Filmen mit jeder anderen Art von Bildtonträgern, die sich von herkömmlichen Filmen durch eine andere technische Art der Aufnahme unterscheidet, gleich. Der GEMA-Berechtigungsvertrag geht damit selbstverständlich z.B. auch von der Existenz eines Video-Filmherstellungsrechts aus.
Beim Video-Filmherstellungsrecht gibt es keinen Unterschied zum Kino-Filmherstellungsrecht i.S. des GEMA-Berechtigungsvertrages, soweit es sich um Filmwerke handelt, die zur öffentlichen Vorführung in Kinos bestimmt sind.
Beim Video-Filmherstellungsrecht zur Produktion von Videos, die nicht für Kinos bestimmt sind, liegt der Unterschied zum Kino-Filmherstellungsrecht i.S.d. GEMA-Berechtigungsvertrages darin, daß für den Fall, daß der Berechtigte beim Video-Filmherstellungsrecht von seinem Rückrufrecht Gebrauch macht, das Vervielfältigungs- und Verbreitungsrecht bei der GEMA jedoch verbleibt und auch bei der GEMA eingeholt werden muß. Der Berechtigte hat lediglich das Recht, die Zustimmung zur Herstellung von 50 gesondert zu kennzeichnenden Vervielfältigungsstücken für Einführungszwecke zu erteilen.
Falls der Berechtigte im Ausnahmefall vom Rückruf des Video-Herstellungsrechts bei der originären Videoproduktion keinen Gebrauch macht, nimmt die GEMA dieses auf der Grundlage der Vergütungssätze VR-TH-F 2 wahr, für das Vervielfältigungs- und Verbreitungsrecht gelten die für die Erstauswertung von originären Videoproduktionen einschlägigen Vergütungssätze VR-BT-H 2, z.B. wenn die einschlägigen Videos zum persönlichen Gebrauch bestimmt sind.

## 2. *Die Videozweitauswertung*

Es wird Sie nicht überraschen, wenn ich als GEMA-Vertreter und damit aus der Sicht eines Sachwalters der schöpferischen Menschen die These aufstelle, daß der Berechtigte das von mir soeben beschriebene Video-Filmherstellungsrecht für seine Musik nicht nur dann besitzt, wenn eine neue Werkschöpfung auf Videoband, d.h. eine originäre Videoproduktion, oder auf jede andere Art von Bildtonträger aufgenommen wird, sondern insbesondere auch dann, wenn eine *Videoauswertung eines bereits bestehenden Filmwerks* und der damit verbundenen Filmmusik stattfindet.
»Videoauswertung« bzw. »Video*zweit*auswertung«, die Begriffe sind synonym, ist auch nach Auffassung des BGH eine »besondere Nutzungsart« i.S. von § 31 Abs. 4 UrhG und »stellt . . . die auf die Massenvervielfältigung von Spielfilmen und die Veräußerung der Video-Bänder (Video-Kassetten) gerichtete gewerbsmäßig betriebene audio-visuelle Zweitauswertung von Filmwerken dar«[6].
Unproblematisch ist wohl die Feststellung, daß für Zwecke der Videozweitauswertung von Filmen der Erwerb eines Nutzungsrechts erforderlich ist, welches sich aus dem Vervielfältigungsrecht (§ 16 UrhG) und dem Verbreitungsrecht (§ 17 UrhG) herleiten läßt. Mit der Frage, ob darüber hinaus für die Videozweitauswertung noch einmal ein »Filmherstellungsrecht« oder ein sog. »erweitertes Benutzungsrecht« an den zur Herstellung des Filmes benutzten Werken erworben werden muß, beschäftigen sich schon seit Mitte der achtziger Jahre die Experten, und es wird seit dieser Zeit zwischen Berechtigten und Produzenten vor den Gerichten gestritten. Eine Entscheidung des BGH, der allein dem Streit ein Ende bereiten kann, steht noch aus.
Die Frage nach dem Filmherstellungsrecht bei der Videozweitauswertung ist natürlich ganz und gar nicht akademisch, sondern von großem wirtschaftlichen Interesse, da mit dem urheberrechtlichen Problem eng die Frage verknüpft ist, ob der Berechtigte für die Einräumung eines »Filmherstellungsrechts« für die Videozweitauswertung noch einmal eine Vergütung verlangen kann.
Bei den Kinospielfilmen, die in der Zeit gedreht worden sind, seitdem die Videozweitauswertung als eigene Nutzungsart bekannt ist und als solche auch praktiziert wird, ist, soweit ersichtlich, das Problem videospezifischer Herstellungsrechte in der Praxis noch nicht relevant geworden, da sich die Filmproduzenten in dem Filmmusikvertrag mit dem Komponisten bzw.

6 BGH ZUM 1986, 52 - GEMA-Vermutung I.

dem Verleger im Rahmen der Nebenrechtsübertragung wohl in der Regel auch die Rechte für die Videoherstellung übertragen lassen.

Die Frage wird aber dann zum Problem, »wenn es sich um Zweitauswertung von Kinofilmen handelt, die vor Bekanntheit der Nutzungsart ›Videoauswertung‹ hergestellt wurden, ferner dann, wenn das Filmherstellungsrecht ursprünglich inhaltlich beschränkt, zum Beispiel für die Herstellung eines Kino- oder Fernsehfilms eingeräumt wurde und jetzt nachträglich eine Videozweitauswertung dieser Filme erfolgen soll«[7].

Natürlich stellt sich in diesem Zusammenhang auch die Frage nach der Rolle der GEMA. Dazu gilt folgendes:

Bei der Neufassung des GEMA-Berechtigungsvertrages aufgrund der Beschlüsse der ordentlichen Mitgliederversammlung vom 27. und 28. Juni 1972 wurden in die den Umfang der treuhänderischen Rechtsübertragung festlegende Vertragsbestimmung des § 1 unter h) erstmals die Vervielfältigungs- und Verbreitungsrechte an Bildtonträgern hineingenommen. In der durch die Mitgliederversammlung vom 25. und 26. Juni 1985 beschlossenen Fassung wurden unter § 1 h) die Rechte der *Aufnahme* auf Bildtonträger *und* die Vervielfältigungs- und Verbreitungsrechte an Bildtonträgern genannt und diese unter Vorbehalt der Regelung des bereits zitierten Absatzes i) gestellt.

Um die Geltung der betreffenden Regelung für Bildtonträger auch bei den GEMA-Mitgliedern klarzustellen, bei denen der länger zurückliegende Vertragsschluß noch in einer Fassung des Berechtigungsvertrages geschehen war, in der Bildtonträger noch nicht erwähnt worden waren, holte die GEMA 1985 vom Vorstand der GEMA und den Berechtigten unterzeichnete gleichlautende »Erklärungen zu § 1 h) des Berechtigungsvertrages« ein mit folgendem Wortlaut:

> »1. Zu § 1 h) des Berechtigungsvertrages mit der GEMA stelle ich klar, daß die Rechte zur Vervielfältigung und Verbreitung auf Bildtonträger, insbesondere auf Videoband, an allen seit Abschluß des ersten Berechtigungsvertrages mit der GEMA von mir bzw. meinen Rechtsvorgängern geschaffenen Werken von Anfang an zur Wahrnehmung auf die GEMA übertragen worden sind.
> Diese Rechtsübertragung nehme ich hiermit in Kenntnis der wirtschaftlichen Bedeutung dieser Rechte ausdrücklich nochmals vor. Sie erfaßt insbesondere auch die in der Vergangenheit entstandenen Rechte. Soweit mir bzw. meinen Rechtsvorgängern aus den vorgenannten Rechten Ansprüche gegen Dritte entstanden sein sollten, trete ich diese hiermit an die GEMA ab.
> Die vorstehenden Rechtsübertragungen werden von der GEMA angenommen.

7 *Scheuermann*, aaO. (o. Fußn. 5), S. 96.

2. Soweit die GEMA über diese Rechte gegenüber Dritten durch Abschluß von Nutzungsverträgen verfügt hat, werden diese Verfügungen hiermit genehmigt.«

Mit dieser rechtsgeschäftlichen Erklärung haben nahezu alle GEMA-Mitglieder der GEMA rechtswirksam auch die für die Rechtewahrnehmung im Bereich der Videozweitauswertung erforderlichen Rechte übertragen.
Gleichgültig, ob es bei der Videozweitverwertung ein Filmherstellungsrecht bzw. ein erweitertes Nutzungsrecht gibt oder nicht, in jedem Fall sind zur Videozweitauswertung von der GEMA die Vervielfältigungs- und Verbreitungsrechte für das von ihr verwaltete Repertoire einzuholen. Für die GEMA besteht hier Abschlußzwang. Die Nutzer werden von der GEMA jeweils schriftlich darauf hingewiesen, daß das Recht zur Vervielfältigung und Verbreitung »weder die erforderliche Einwilligung der Urheberberechtigten zur Benutzung von Werken des GEMA-Repertoires zur Herstellung eines bestimmten Filmwerkes oder bestimmter sonstiger Aufnahmen auf Bildtonträger, noch zur Erstveröffentlichung des Werkes, noch zur Kürzung, noch zur Bearbeitung originalgeschützter Werke, noch zur Verwendung von Werkteilen«, erfolgt.
Die Rechteeinräumung geschieht auf der Grundlage eines zwischen der GEMA und dem Bundesverband Video vereinbarten Gesamtvertrages, der die Vervielfältigungs- und Verbreitungsrechte am GEMA-Repertoire zum Gegenstand hat. Die fällige Vergütung beträgt ab 1. Juli 1992 für die Mitglieder des Bundesverbandes Video je Bildtonträger 3,3 % des fakturierten Entgelts (einschließlich Umsatzsteuer).
Mit der Erklärung in § 1 h) des Berechtigungsvertrages hat sich vorerst eine Erörterung der Frage erübrigt, ob die Rechtsübertragung auf die GEMA nicht bereits durch die sog. »Auffangklausel« des GEMA-Berechtigungsvertrages erfolgt ist, durch die der GEMA auch »diejenigen Rechte, die durch künftige technische Entwicklungen oder durch Änderung der Gesetzgebung entstanden und erwachsen« sind (§ 1 k) BV) übertragen wurden. Die Anwendbarkeit des § 31 Abs. 4 UrhG bei der Übertragung von verwertungsgesellschaftlichen Rechten bleibt also späterer Klärung überlassen. Mit dem OLG München lehnt jedenfalls die GEMA im Sinne eines Schutzes der Urheber die Anwendung von § 31 Abs. 4 UrhG auf Wahrnehmungsverträge ab. Das OLG München[8] hat dazu ausgeführt: »Der § 31 Abs. 4 UrhG zugrundeliegende Schutzgedanke trifft jedoch nicht zu, wenn die Rechtseinräumung, wie beim Abschluß eines Berechtigungsvertrages mit einer Verwertungsgesellschaft, gerade dazu dient, durch treuhänderi-

8 GRUR 1983, 571/572 - Spielfilm-Videogramme.

sche Wahrnehmung seiner Rechte die Beteiligung des Urhebers an der wirtschaftlichen Verwertung seines Werkes sicherzustellen. § 31 Abs. 4 UrhG muß daher im Hinblick auf seinen Zweck entgegen seinem Wortlaut einschränkend ausgelegt werden«. Eine möglichst frühzeitige Rechtseinbringung in die Verwertungsgesellschaft, durch die der Urheber seine Rechte wahrnehmen läßt, bringt dem Urheber nur Vorteile[9].

Die von Manfred Rehbinder vertretene Auffassung, die Urheber müßten ihrer Verwertungsgesellschaft gegenüber vor der Abtretung auch erst künftig neu entstehender Nutzungsarten und -rechte geschützt werden, weil deren individuelle Wahrnehmung für sie »ausnahmsweise finanziell vorteilhafter« sein könne und deshalb § 31 Abs. 4 UrhG auch für Wahrnehmungsverträge gelten müsse mit der Folge, daß die »Auffangklausel« der GEMA insoweit unwirksam sei, geht, wie Wilhelm Nordemann nachgewiesen hat, an der Praxis vorbei[10].

In einer Entscheidung vom 28. Mai 1991, auf die es in einer weiteren Entscheidung vom 10. März 1992 Bezug genommen hat, hat das Kammergericht[11] die Auffassung vertreten, in der Videozweitauswertung von Kinofilmmusik im Rahmen der Vermarktung des Kinospielfilms als Videokassette für die häusliche Vorführung durch den privaten Endverbraucher lasse sich die Ausübung eines grundlegenden videospezifischen Werkherstellungsrechts nicht erblicken. Für die Aufnahme einer solchen, dem Filmherstellungsrecht entsprechenden Grundlage der Videozweitverwertung sei kein Raum. Der Vorgang stelle sich bei natürlicher Betrachtung nicht weitergehend dar denn als Vervielfältigung nach § 16 UrhG und Verbreitung nach § 17 UrhG. Es würden von dem Filmwerk zusätzliche Exemplare auf Videokassette geschaffen. Hierzu werde der Film zunächst auf ein Video-Master-Band überspielt, von dem sich dann beliebig viele Videokassetten ziehen ließen. Durch deren Vertrieb würden diese zusätzlichen Werkexemplare der Öffentlichkeit zugänglich gemacht. Ein neues Werk werde nicht hergestellt. Neu eingespielt und/oder einander zugeordnet würden die Musik und die anderen schöpferischen Komponenten, die dem Filmwerk das Gepräge gäben, nicht. Die vorliegende Kinofilmschöpfung würde lediglich in einen anderen technischen Aggregatzustand umgegossen. Es werde eine »Transformation« vorgenommen, die durch ein andersartiges Trägermaterial gekennzeichnet sei.

9 *Schricker*, §§ 31/32, Rz. 29.

10 *Manfred Rehbinder*, Mängel der Staatsaufsicht über die deutschen Verwertungsgesellschaften, in: DVBl. 1992, 216 ff. Vgl. dazu die Erwiderung von *Wilhelm Nordemann*, in: GRUR 9/1992, S. 584 ff.

11 5 U 2570/89 vom 28. Mai 1991 und 5 U 1941/90 vom 10. März 1992.

Daß die Videoauswertung als Kinospielfilm-Nutzungsart gesonderter rechtlicher Behandlung zugänglich sei und in dem Filmmusikvertrag ausgeschlossen werden könne, besage nicht, daß es unbedingt ein grundlegendes Video-Filmherstellungsrecht sein müsse, das zunächst zu erlangen sei, wenn später doch noch die betreffende Nutzungsart befugtermaßen ausgeübt werden solle. Vielmehr sind es nach der Ansicht des Senats »schlicht die Rechte zur Vervielfältigung und Verbreitung in der speziellen Gestalt einer Videokassettenaufzeichnung, um die es geht«[12]. Nach Auffassung des Kammergerichts ist die GEMA aber in der Lage, die Rechte zur Vervielfältigung und Verbreitung auf Videokassette, auf die es nach Auffassung des Gerichts allein ankommt, dem Produzenten zu verschaffen. Sie verfügt darüber, wenn mit ihr die gegenseitige Erklärung zu § 1 h) BV abgeschlossen worden ist.
Auch diese Urteile liegen dem BGH zur Revision vor, die hoffentlich bald Klarheit und Rechtssicherheit in diese Angelegenheit bringen wird.
Mit Blick auf die noch ausstehende Entscheidung des BGH verbinden die Urheber die Hoffnung, daß sich dieser von technischen denn von dogmatischen Überlegung leiten läßt, ebenso wie von dem von ihm selbst aufgestellten Grundsatz, daß der Urheber an den wirtschaftlichen Ergebnissen jeder Nutzungsart zu beteiligen ist. Christof Krüger hat m.E. am überzeugendsten nachgewiesen, daß »für eine Erschöpfung des Filmherstellungsrechts im Rechtssinne kein Raum« ist. »Das Filmherstellungsrecht wird zwar durch die Herstellung des Films ausgeübt, kann aber nicht im Rechtssinne verbraucht werden, denn das Filmherstellungsrecht ist . . . ein Vervielfältigungsrecht (§ 16 UrhG). Für die Befugnis zur Auswertung des hergestellten Films ist . . . der Zweck entscheidend, zu dem der Film hergestellt worden war. . . . Eine Filmkopie ist rechtswidrig hergestellt, wenn die Herstellung zu Zwecken erfolgt, die nicht vom Verfilmungsvertrag gedeckt sind. Die Auswertung von Spielfilmen auf Videokassetten oder im Fernsehen ist also nur rechtmäßig, wenn die Herstellung der Filmkopien zu derartigen Zwecken von dem Verfilmungsvertrag gedeckt ist. Ist dies nicht der Fall, dann greift das Verbotsrecht des § 96 Abs. 1 UrhG ein«[13].
Krüger sieht richtig, daß ein Musikurheber, bzw. sein Verlag ein »legitimes ideelles und/oder materielles Interesse daran haben kann, daß die für ihn geschützte Musik nur mit einem bestimmten Filmstoff in Verbindung gebracht wird, ebenso kann ein legitimes Interesse daran bestehen, daß der Film z.B. nur in Lichtspieltheatern öffentlich vorgeführt, nicht aber im

12 AaO., S. 18 f.
13 *Krüger*, aaO. (o. Fußn. 2), S. 85 f.

Fernsehen gezeigt oder auf Videokassetten zum Privatgebrauch vertrieben wird«[14].

Für die Beurteilung des Phänomens Videozweitverwertung müssen die im Urheberrecht entwickelten Prinzipien der Vertragsauslegung gelten, die sich an dem verfolgten Zweck orientieren. »Dabei ist von dem Ulmerschen Grundsatz auszugehen, daß das Urheberrecht die Tendenz hat, soweit als möglich beim Urheber zurückzubleiben. Demgemäß ist im Zweifel anzunehmen, daß der Urheber ein Nutzungsrecht nur in demjenigen Umfang einräumen will, den der Vertragszweck unbedingt erfordert. Jede Einräumung ist so eng wie möglich auszulegen. Darüber hinaus gilt nur, was besonders vereinbart ist«. Ein Nutzungsrecht, das nicht ausdrücklich eingeräumt worden ist, verbleibt beim Urheber. »Wo Zweifel darüber bestehen, was wirklich erforderlich ist, ist zugunsten des Urhebers zu entscheiden«[15].

## V. *Rechtsprobleme bei der Lizenzierung von Musik-Bildtonträgern aus der Sicht der GEMA*

### 1. *Musik-Bildtonträger: Medium der Zukunft*

Ein neues Medium erobert den Musikmarkt: der Musik-Bildtonträger. Die Auguren der Musikbranche prognostizieren, daß sich Bildtonträger schon in Kürze ein bedeutendes Stück aus dem großen Kuchen des Tonträgermarktes herausschneiden werden, und besonders Kühne glauben, daß der bespielte Bildtonträger für den persönlichen, privaten Gebrauch eines gar nicht fernen Tages die herkömmlichen Tonträger substituieren könnte und sich damit zu einem dem Tonträger vergleichbaren Massengeschäft entwikkelt. Noch allerdings verfolgen Produzenten von Unterhaltungs- und Popmusik das nicht immer leicht zu realisierende Ideal, daß ein neues »Produkt« seinen Siegeszug in die Charts gleichzeitig auf LP (Langspielplatte), MC (Musikkassette), CD (Compact-Disc), Bildtonträger (Videokassette und/oder Laser-Disc) und ab Herbst 1992 auch auf DCC (Digitale Kompaktkassette) sowie MD (Mini-Disc) und vielleicht auch auf CD-I (Interaktive Compact-Disc) antritt.

Bekannt geworden sind Bildtonträger durch die sog. »Videoclips«. Seitdem sich Bildtonträger jedoch zu einem eigenständigen Medium entwickelt haben, hören Produzenten von Bildtonträgern diesen zwar einprägsamen, in-

14 AaO., S. 93.

15 *Hertin,* in: Fromm/Nordemann, Urheberrecht, 7. Auflage, 1988, §§ 31/32, Rz. 25.

zwischen aber eher abwertend gebrauchten, der Bandbreite des Mediums Bildtonträger auch nicht mehr gerecht werdenden »Nick-Name« wohl nicht mehr gern.
Bildtonträger werden in Form von zwei - möglicherweise bald aber auch schon auf weiteren - unterschiedlichen technischen Systemen vertrieben: auf der herkömmlichen Videokassette, die über die inzwischen in mehr als 54 % der deutschen Haushalte in den alten Bundesländern (30 % in den neuen Bundesländern, Stand: 1991) vorhandenen Videorecorder abgespielt werden können und auf der erst seit kurzem marktreifen Laser-Disc, die nur mittels eines eigenen Abspielgeräts, dem »Laser-Player«, abgespielt werden kann. Aber dabei wird es nicht bleiben, denn schon steht eine neue Technik vor der Markteinführung, die Interaktive Compact-Disc, CD-I, die aus der Familie der Compact-Disc's stammt, digital aufgenommen und mit Laser-Player über ein Fernsehgerät wiedergegeben werden kann. Auf der CD-I sind nicht nur Musikstücke zu hören sondern auch Bilder, Bewegt-Bild-Animation und Texte zu sehen. So können z.B. von Altmeister Louis Armstrong seine Musik und sein Bild, aber auch Hintergrundinformationen, Texte und Grafiken wiedergegeben werden.
Bildtonträger können, bevor sie auf dem Markt zum Verkauf angeboten werden, unterschiedlichen Zwecken dienen:
Als Promotion-Videos zum Tonträger im Fernsehen, wie sie z.B. rund um die Uhr über die englischen Musikkanäle MTV oder SUPER CHANNEL über Satelliten auf dem gesamten europäischen Kontinent ausgestrahlt werden, aber auch als CD-Video (Laser-Disc) zur Aufführung in Diskotheken, womit neben Unterhaltungs- auch Werbefunktionen u.a. für den Tonträger und für den Interpreten verbunden sind. Etwa 90 % der in Deutschland verkauften Bildtonträger enthalten anglo-amerikanisches Repertoire mit einem inzwischen leicht englischen Übergewicht. Auf dem Pop-Musikmarkt machen die Briten zur Zeit das Rennen.

### 2. *Abgrenzung zwischen Musik-Bildtonträgern und Kinospielfilmen auf Video*

Da Musik-Bildtonträger zur Zeit hauptsächlich in Form von Videokassetten im Handel sind - die neue Technik der Laser-Disc wird sich wegen der dazu benötigten noch teuren Abspielgeräte erst langsam durchsetzen - kommt es bei der rechtlichen Beurteilung des Phänomens Bildtonträger leicht zu Verwechslungen mit den ebenfalls auf Videokassetten vertriebenen Kinospielfilmen, in denen zwar auch Musik zum Einsatz kommt, die jedoch (vom typischen Musikfilm abgesehen) nicht der Musik wegen hergestellt wurden bzw. werden. Die in diesem Bereich bestehenden Rechtsprobleme habe ich oben aufgezeigt.

### 3. *Die Musik als Hauptbestandteil von Musik-Bildtonträgern*

Die bei der Produktion von Musik-Bildtonträgern aus dem Blickwinkel der Musik auftretenden Rechtsprobleme werden unter verschiedenen Begriffen subsumiert.
In Deutschland unter dem Begriff »Benutzungsrecht«, »Filmherstellungsrecht«, »Filmeinblendungsrecht« oder in Anlehnung an den englischen Begriff »Synchronisations-Recht«; in Frankreich unter »droit de fixation«; im anglo-amerikanischen Rechtskreis als »Synchronization-Right«; für Kenner kurz »Synch-Right«.
Die Begriffe »Synchronisations-Recht« und »Filmeinblendungsrecht« machen den technischen Vorgang deutlich: einem vorbestehendem Musikwerk werden Bilder oder wird ein Film unterlegt, bzw. ein Film/Bilder werden in ein Musikwerk »eingeblendet«. Spezifisch am Musik-Bildtonträger ist, daß bei ihm die Musik im Vordergrund steht, die Musik das ausschlaggebende Element darstellt, man die Musik auch als das Hauptmedium bezeichnen kann, während die Bilder bzw. der Film im Bezug zur Musik lediglich eine dienende Funktion haben. So bilden denn die ablaufenden Bilder, auch wenn sie in ihrer Gesamtheit Filmwerkcharakter (i.S. von § 2 Abs. 1 Ziff. 7 UrhG) besitzen, selten eine zusammenhängende, schlüssige Handlung, wie dies allgemein den Spielfilm kennzeichnet. Im Mittelpunkt steht beim Musik-Bildtonträger in der Regel der Interpret und die Band des gespielten Musikwerks, die auf der Woge der Musik und ihrer körperbetonten Musiksprache häufig zu Kultfiguren emporstilisiert, »gemacht« werden. Belegt wird dies bei den Bildtonträgern auch durch den großen Anteil von Mitschnitten von Live-Konzerten aktueller Popstars wie Michael Jackson, Phil Collins, Cher, Tina Turner, Marius Müller-Westernhagen, Udo Lindenberg etc.. Bei den auf Bildtonträgern aufgenommenen Live-Konzerten ist es im übrigen fraglich, inwieweit diese Werkcharakter besitzen, oder es sich »nur« um sog. Laufbilder handelt (§ 95 UrhG).
Ein neues Phänomen in der Kategorie der Bildtonträger ist das aus Japan über die gesamte Welt geschwemmte »Karaoke«. »Karaoke« heißt soviel wie »leeres Orchester« und funktioniert wie folgt:
Während die beliebten Songs aus den Charts und Evergreen-Listen von Bildtonträgern über Lautsprecher erklingen, wird der Sanges-Part aus dem Publikum spezieller Karaoke-Bars oder besonderer Abteilungen von Diskotheken eingespielt. Als Musikquellen dienen vorzugsweise Laser-Disc's,

d.h. Scheiben, die neben den Orchestersätzen auch noch bunte Mattscheibenbilder liefern. Schaut der Vokalist auf einen eigens für ihn installierten Bildschirm, so kann er Zeile für Zeile seinen Text ablesen. Das rechte Wort zur rechten Zeit wird sogar noch durch Leuchteffekte hervorgehoben.

### 4. *Der Erwerb der musikalischen Rechte bei Tonträgern*

Zum besseren Verständnis der Probleme, die beim Erwerb der musikalischen Rechte bei Bildtonträgern auftreten können, empfiehlt es sich, einen Blick auf den Erwerb der musikalischen Rechte bei *Tonträgern* zu werfen, um Parallelen und Unterschiede aufzudecken. Dabei soll, wiederum zum besseren Verständnis, zwischen zwei Alternativen unterschieden werden:
a) Rechteerwerb für das nationale Repertoire von GEMA-Mitgliedern und b) Rechteerwerb für das internationale, namentlich anglo-amerikanische Repertoire.

#### a) *Rechteerwerb beim nationalen Repertoire von GEMA-Mitgliedern*

Geht man davon aus, daß die Rechteinhaber an einem Musikwerk (Komponist, Textdichter und Verlag) GEMA-Berechtigte bzw. GEMA-Mitglieder sind, dann läuft der Rechteerwerb beim Tonträger nach folgendem Muster ab:
Rechtsgrundlage ist der GEMA-Berechtigungsvertrag, durch den der jeweils Berechtigte (Komponist, Textdichter und Verleger) »die Rechte der Aufnahme auf Tonträger ... und die Vervielfältigungs- und Verbreitungsrechte an Tonträgern« der GEMA als Treuhänderin übertragen hat (§ 1 h) Berechtigungsvertrag). Die GEMA, die gemäß § 11 UrhWG und wenn es sich nicht mehr um eine Erstveröffentlichung handelt, auch gemäß § 61 UrhG einem Abschlußzwang unterliegt, erteilt dem Produzenten des Tonträgers die Erlaubnis, den Tonträger herzustellen, ihn zu vervielfältigen und zu verbreiten.
Die Einräumung der einfachen Nutzungsrechte für Tonträger erfolgt im Rahmen einzelvertraglicher Regelung. Maßgebend für diese einzelvertragliche Regelung ist der Mustervertrag (Normalvertrag) wie er zwischen der GEMA und der Phonographischen Industrie (Deutsche Landesgruppe der IFPI) im Rahmen eines Gesamtvertrages (§ 12 UrhWG) vereinbart wird, der seinerseits wiederum aus dem Normalvertrag hervorgeht, den die IFPI (International Federation of Producers of Phonograms and Videograms) und das BIEM (Bureau International des Sociétés gérant les Droits d'Enre-

gistrement et de Reproduction Mécanique), in dem die GEMA Mitglied ist, ausgehandelt hat.
Die Vergütung für Tonträger errechnet sich wie folgt:
Für Inlandsumsätze beträgt die Vergütung pro Tonträger 11 % des vom Hersteller veröffentlichten Listenabgabepreises für Einzelhändler (Published Price for Dealer - PPD). Nach Abzug von 6 % für Rabatte (bis zum 1. 10. 92 betrug der Abzug 4 %) und 10 % für Plattenhüllen und Technik beläuft sich die Nettovergütung auf 9,306 %, es sei denn, aufgrund entsprechend niedrigerer PPD's sind Mindestvergütungen anzuwenden. Die GEMA weist bei der Lizenzerteilung den Produzenten u.a. darauf hin, daß für eine Bearbeitung des Musikwerks oder bei einer Verwertung von Werkteilen die Zustimmung des Rechteinhabers erforderlich ist.

b) *Rechteerwerb der GEMA beim internationalen, namentlich anglo-amerikanischen Repertoire*

Sind die Rechteinhaber keine GEMA-Mitglieder, dann verfügt die GEMA bei Tonträgern über die sog. »mechanischen Rechte« einmal auf der Grundlage von Gegenseitigkeitsverträgen, die die GEMA mit Verwertungsgesellschaften, die über die sog. mechanischen Rechte - d.h. die Rechte zur Herstellung von Tonträgern - verfügen, auf der ganzen Welt, so auch in Großbritannien mit der MCPS (Mechanical Copyright Protection Society Ltd.) und in den USA mit der Harry Fox Agency Inc., abgeschlossen hat.
Der weit überwiegende Anteil (ca. 80 %) der mechanischen Rechte für das internationale, namentlich das auf dem Musikmarkt populäre anglo-amerikanische Repertoire, wird der GEMA jedoch von den GEMA-Mitgliedsverlagen übertragen, die von amerikanischen bzw. britischen Originalverlagen für Deutschland Subverlagsrechte erworben haben. Die Subverleger räumen der GEMA für das Subgebiet sämtliche Rechte ein, die sie von dem Originalverleger erworben haben, d.h. auch die vom Originalverleger erworbenen Rechte der Komponisten und Textdichter. Auf diese Weise ist die GEMA in der Lage, Produzenten von Tonträgern nahezu das gesamte musikalische Weltrepertoire zu lizenzieren.

### 5. *Der Erwerb der musikalischen Rechte bei Musik-Bildtonträgern*

#### a) *»Rückfall« im GEMA-Berechtigungsvertrag*

Der wesentliche Unterschied beim Erwerb der musikalischen Rechte zur Herstellung von Bildtonträgern und dem Rechteerwerb bei Tonträgern besteht in Folgendem:
Zwar haben gem. § 1 h) Berechtigungsvertrag GEMA-Berechtigte und GEMA-Mitglieder der GEMA auch die Rechte der Aufnahme auf »... Bildtonträger und die Vervielfältigungs- und Verbreitungsrechte an ... Bildtonträgern« voll umfänglich zur treuhänderischen Wahrnehmung übertragen. Ein bestimmter Teil dieser Rechte wird jedoch über den Weg des oben beschriebenen sog. »Rückfalls« den Werkberechtigten wieder zur Verfügung gestellt. § 1 i) (1) BV präzisiert, daß der Rückfall nur eintritt, »soweit es sich um die Benutzung zur Herstellung eines bestimmten Filmwerkes oder sonstigen Bildtonträgers handelt«. Für Bildtonträger erfolgt die zusätzliche Klarstellung, daß »sich der Rückfall auf die Befugnis, die Zustimmung zur Werkverbindung und zur Herstellung von 50 gesondert zu kennzeichnenden Vervielfältigungsstücken für Einführungszwecke zu erteilen« beschränkt. Diese Hinweise sollen u.a. sicherstellen, daß jedenfalls im Hinblick auf Bildtonträger das Recht zur Vervielfältigung und Verbreitung - mit Ausnahme der 50 Einführungsexemplare - voll umfänglich bei der GEMA verbleibt und von ihr erworben werden muß. Dies gilt im übrigen auch für das Vorführungs- und Senderecht.

#### b) *Rechtsdogmatische Rechtfertigung des »Rückfalls«*

Die besondere Behandlung des Filmherstellungsrechts bzw. Benutzungsrechts für die Herstellung von Bildtonträgern im GEMA-Berechtigungsvertrag ist - wie bereits ausgeführt - urheberrechtsdogmatisch dadurch gerechtfertigt, daß es sich beim Verfilmungsrecht um ein selbständiges Nutzungsrecht handelt. Sie rechtfertigt sich aber auch in der Anerkennung des Urheberpersönlichkeitsrechts des Komponisten des Musikwerkes, dem je nachdem ob er dies wünscht, eigenverantwortlich die wichtige Entscheidung darüber belassen sein muß, ob sein Musikwerk im Rahmen der Herstellung eines Filmes Verwendung finden soll oder nicht.

c) *Rechtstechnische Abwicklung*

Was in der Theorie angesichts der Formulierung des § 1 i) (1) BV kompliziert erscheint, läuft bei Bildtonträgern in der GEMA-Praxis einfach ab: Erfährt die GEMA von dem Produktionsvorhaben, benachrichtigt sie den/die Rechteinhaber. Im umgekehrten Fall benachrichtigen diese die GEMA mit der Erklärung vom Rückfallsrecht Gebrauch zu machen oder nicht. In aller Regel wird jedoch vom Rückfall Gebrauch gemacht.
Wie beim Rechteerwerb bei Tonträgern, so muß auch beim Rechteerwerb von Bildtonträgern zwischen nationalem und internationalem (anglo-amerikanischen) Repertoire unterschieden werden.

aa) *Nationales Repertoire*

Involviert sind die Verleger, die sich meist im Innenverhältnis von den bei ihnen verlegten Komponisten und Textdichtern auch das Filmherstellungsrecht bzw. das Recht zur Herstellung von Bildtonträgern zur Verwertung abtreten haben lassen. Nur dann sind sie legitimiert, über diese Rechte gegenüber der GEMA sowie gegenüber den Produzenten von Bildtonträgern zu verfügen. In aller Regel machen die Mitgliedsverlage der GEMA vom Recht des Rückfalls Gebrauch. Falls im Ausnahmefall ein Rückfall des Herstellungsrechts nicht erfolgt, nimmt die GEMA dieses auf der Grundlage der Vergütungssätze VR-TH-F 2 wahr. Für das Vervielfältigungs- und Verbreitungsrecht gelten die Vergütungssätze VR-BT-H 1.

bb) *Internationales Repertoire*

Das internationale, namentlich das anglo-amerikanische Repertoire, kann die GEMA zur Herstellung von Bildtonträgern nur dann vergeben, wenn ihr dies durch Gegenseitigkeitsverträge mit ihren Schwestergesellschaften, die für die mechanischen Rechte zuständig sind, eingeräumt worden ist. Wegen der Vielgestaltigkeit der rechtlichen und vertraglichen Konstellationen im Einzelfall, ist eine Abklärung bei den Schwestergesellschaften bei allen Produktionsvorhaben unerläßlich.
Die GEMA ihrerseits hat aus Gründen der Klarstellung die Schwestergesellschaften davon in Kenntnis gesetzt, daß diese für Bildtonträgerproduktionen nicht berechtigt sind, gegenüber den Produzenten das Recht zur Verbindung von Bild und Musik zu vergeben, weil dieses nach den Bestimmungen des GEMA-Berechtigungsvertrages auf Wunsch dem Rückfall an den Werkberechtigten zur Wahrnehmung im eigenen Namen unterliegt. Unbe-

rührt hiervon bleiben die der GEMA durch Berechtigungsvertrag übertragenen Vervielfältigungs- und Verbreitungsrechte. Diese Rechte werden durch den Gegenseitigkeitsvertrag erfaßt und können von den Schwestergesellschaften selbstverständlich bei der Auswertung in Form von Videos oder Laser-Disc's vergeben werden.
Soweit der GEMA das Repertoire über Subverleger übertragen wurde, und der deutsche Subverleger die Wahrnehmungsbefugnis bestätigt und den entsprechenden Rechtenachweis führt, könnte die GEMA theoretisch ebenfalls dieses Repertoire zur Herstellung von Bildtonträgern im Subverlagsgebiet lizenzieren. Dies kommt in der Praxis jedoch so gut wie nicht vor, da auch der deutsche Subverleger in der Regel vom Rückfall Gebrauch macht und das Herstellungsrecht für Bildtonträger im eigenen Namen in seinem Subverlagsgebiet wahrnimmt. Ob auch das Vervielfältigungs- und Verbreitungsrecht in diesen Fällen zur ausschließlichen Wahrnehmung durch die GEMA vom Originalberechtigten über den Subverleger übertragen worden ist, muß in jedem Einzelfall abgeklärt werden.
Die amerikanische Praxis zeigt, daß die US-Verleger die Bildtonträger-Rechte häufig »buy out« für die ganze Welt vergeben, so daß in diesen Fällen weder für die GEMA noch für den deutschen Subverleger die Wahrnehmung des Herstellungsrechts sowie des Vervielfältigungs- und Verbreitungsrechts in Betracht kommt.
Deutschen Verlegern ist ein »buy out« verwehrt, da sie das Vervielfältigungs- und Verbreitungsrecht der GEMA zur alleinigen Wahrnehmung übertragen haben, die damit allein darüber verfügen kann.

## VI. *Bildtonträger als Verhandlungsgegenstand zwischen IFPI und BIEM*

### 1. *Die Position der IFPI*

Im Rahmen der inzwischen abgeschlossenen Verhandlungen zwischen der IFPI und dem BIEM über den Abschluß eines neuen Normalvertrages (Mustervertrages) für Tonträger hat die IFPI den BIEM-Gesellschaften den Wunsch vorgetragen, auch einen Normalvertrag über Bildtonträger (Musik-Videos) abzuschließen, der auch das sogenannte Synch-Right umfaßt. Natürlich geht es der IFPI darum, daß ein solches Recht im Standardvertrag enthalten ist, ohne daß von den Rechteinhabern dafür extra Kosten, wie z.Zt. in der Praxis üblich, erhoben werden. Die IFPI akzeptiert, daß den Verlegern das Recht zum Erstgebrauch einer Verbindung von Musik und Bild vorbehalten bleiben muß. Wenn die Verleger der Benutzung eines Mu-

sikwerkes für die Herstellung eines Bildtonträgers zugestimmt haben, solle eine Vergütung nur noch für die mechanischen Rechte (Vervielfältigung und Verbreitung) anfallen. Diese Haltung der IFPI läuft auf eine Gleichbehandlung von Bildtonträgern und Tonträgern hinaus, d.h. die Produzenten wünschen eine einzige Rechteeinräumung durch die BIEM-Verwertungsgesellschaften und auch nur eine einzige Vergütung.
Im Rahmen der Verhandlungen zwischen IFPI und BIEM hat die IFPI bisher jedoch lediglich eine Vergütung in Höhe von 3 % vom PPD angeboten, was von den BIEM-Gesellschaften als unangemessen zurückgewiesen worden ist.

2. *Die Position des BIEM*

Die Position des BIEM ist dadurch gekennzeichnet, daß das BIEM der IFPI vorerst keinen Standardvertrag anbieten kann, der das Synch-Right einschließt. Dafür ist die Rechtslage in den einzelnen Ländern, aus denen die Verwertungsgesellschaften kommen, die dem BIEM angehören zu unterschiedlich. In den meisten Ländern bestehen die Musikverleger darauf, neben den mechanischen Rechten (Vervielfältigung und Verbreitung) auch für die Herstellungsrechte eine Vergütung verlangen zu können. Ausnahmen bilden Spanien und Großbritannien.
In Spanien haben sich die Musikverleger mit der spanischen Verwertungsgesellschaft SGAE darauf geeinigt, Bildtonträger und Tonträger gleich zu behandeln. D.h., die Herstellungsrechte werden von der SGAE mit vergeben; in dem Satz von 4 %, der in Spanien für Bildtonträger erhoben wird, sind die Herstellungsrechte mit enthalten. Es versteht sich, daß diese Regel nur für das nationale spanische Repertoire gelten kann, das die spanischen Musikverleger in die SGAE eingebracht haben.
Ähnliches gilt in Großbritannien, wo von der MCPS ebenfalls die Herstellungsrechte für Bildtonträger vergeben werden, zu dem allerdings sehr niedrigen Preis von £ 2 pro Minute und dies auch nur ein einziges Mal. Die Vergütung für die Vervielfältigung und Verbreitung beträgt in Großbritannien maximal 7 % vom PPD.
Zur Vergütung vertritt das BIEM die Auffassung, daß bei Bildtonträgern die Musik das ausschlaggebende Element ist und sich dies auch bei der Vergütung niederschlagen müsse. BIEM und IFPI haben vereinbart, über den Komplex Bildtonträger weiter zu verhandeln.

## VII. *Die Fernsehfilmherstellungsrechte*

Ein Filmherstellungsrecht besonderer Art ist das *Fernsehfilm*herstellungsrecht, das in § 1 i) (3) BV geregelt ist.

In den Verträgen, die die GEMA mit allen öffentlich-rechtlichen Fernsehanstalten und deren Werbetöchtern sowie allen privaten Fernsehunternehmen über die Nutzung ihres gesamten Repertoires abgeschlossen hat, vergibt sie neben den Senderechten und den zur Sendung erforderlichen Vervielfältigungsrechten (§ 1 d), h) BV) auch das Fernsehfilmherstellungsrecht.

Dieses Fernsehfilmherstellungsrecht unterliegt grundsätzlich nicht dem Regime des § 1 i) (1) BV; es wird vielmehr gesondert in § 1 i) (3) BV geregelt. Bei einer Nutzung im Rahmen dieser Vorschrift, die Inhalt und Reichweite des Fernsehfilmherstellungsrechts bestimmt, muß weder die GEMA noch der Berechtigte informiert bzw. um Einwilligung gefragt werden. Diese Voraussetzungen liegen vor bei Eigen- oder Auftragsproduktionen für eigene Sendezwecke des Fernsehsenders sowie bei sog. Übernahmesendungen. Unter Übernahmesendung ist zu verstehen sowohl die Übernahme eines Programmes von einem anderen in- oder ausländischen Fernsehveranstalter als auch die Abgabe an einen anderen in- oder ausländischen Fernsehveranstalter, soweit dieser die erforderlichen Senderechte erworben hat. Auch wenn dies aus dem Text des Berechtigungsvertrages nicht ausdrücklich hervorgeht, so werden die Herstellungsrechte für Fernsehproduktionen auch bei Gemeinschaftsproduktionen mit anderen Rundfunkanstalten und Rundfunkveranstaltern einschließlich deren Töchtern einbezogen. Damit ist die Gleichbehandlung dieser Produktionen mit den Eigen- und Auftragsproduktionen gesichert. Anders gesagt: ZDF und ORF sollen z.B. nicht deshalb schlechter gestellt werden, weil sie zwei - getrennt erlaubte - Herstellungsvorgänge zusammenlegen.

Anders ist die Situation bei Coproduktionen mit Dritten. Die GEMA vergibt *nicht* die Fernsehfilmherstellungsrechte für Coproduktionen einer Fernsehanstalt bzw. eines Fernsehunternehmens unter Beteiligung eines nicht fernsehmäßigen Dritten sowie für Fremdproduktionen von nicht fernsehmäßigen Dritten zur Erstauswertung im Fernsehen. Hier vergibt der Berechtigte selbst das Recht nach § 1 i) (3) Satz 2 BV.

In der Praxis gibt es, wie wir von Herrn Dr. Moser bereits gehört haben, Schwierigkeiten bei der Auslegung des § 1 i) (3) BV. Es gibt Produzenten, die davon ausgehen, daß bei allen Produktionen, bei denen eine Fernsehanstalt beteiligt ist, die entsprechenden Rechte von der Fernsehanstalt über die GEMA bereits erworben worden sind, wie dies im Fall von Auftrags-

produktionen der Fall ist. Ein Blick in den GEMA-Berechtigungsvertrag gibt darüber Auskunft, daß dies natürlich nicht der Fall ist.
Aber auch beim Fernsehen selbst gibt es zuweilen in Einzelfällen Abgrenzungsschwierigkeiten zwischen Fernseheigen-, Auftrags- und Coproduktionen. Können sich die Parteien im Einzelfall nicht entscheiden, ob es sich um Eigen-, Auftrags-, Co- oder Fremdproduktionen handelt, sollte diese Feststellung von einem von beiden Seiten anerkannten Sachverständigen getroffen werden. Im übrigen würde es sich empfehlen, Zweifelsfälle bereits vor der Aufnahme der Produktion zusammen mit der GEMA zu klären, die dazu gern bereit ist.
Am Ende meines Vortrages möchte ich die Hoffnung ausdrücken, daß es Ihnen nicht ergangen ist wie dem Dichterfürsten Goethe: »Nach wie vor verwirrt, allerdings auf höherem Niveau«.

*Burkhard Rochlitz*

# Die Erst- bzw. Zweitauswertung von Musikbildtonträgern

Herr Dr. Moser hat in seinem voraufgegangenen Referat anschaulich beschrieben, daß die Filmmusik - zumindest in Deutschland - bedauerlicherweise einen immer geringeren Stellenwert einnimmt. Der Trend, demzufolge die Musikkosten in vielen Fällen sowohl beim Fernseh- wie auch beim Kinofilm weniger als ein Prozent des gesamten Produktionskostenbudgets ausmachen, ist auch bei den Tonträgerherstellern zu spüren. Denn die nach wie vor rege Nachfrage nach sog. Archivmusik, d.h. bereits im Markt befindlicher Musik auf Tonträgern, wird zunehmend öfter mit dem Hinweis verbunden, diese Filmeinblendungen dürften nichts kosten; und im übrigen sei die Verwendung des nachgefragten Titels eine gute Werbung für den Tonträger; man werde auch den Interpreten und das Label im Abspann des Films erwähnen . . .

Demgegenüber gilt nach wie vor: Gute Schallplattenaufnahmen sind zum Zwecke der Filmeinblendung nicht zum Nulltarif zu bekommen, heute nicht und sicher auch morgen nicht. Dazu sind weder die ausübenden Künstler und die ausführenden Produzenten noch die Tonträgerhersteller bereit. So viel zum Thema Filmeinblendungen in aller Kürze aus der Sicht eines großen Tonträgerherstellers.

Angesichts der Fülle der Themen, die aus dem Generalthema »Musik im Film« abgeleitet werden können, möchte ich mich auf bestimmte Problemkreise im Zusammenhang mit der Herstellung und Verwertung von sogenannten Video-Clips oder auch Musik-Videos (im rechtlichen Sprachgebrauch »Musik-Bildtonträger« genannt) beschränken.

Die damit zusammenhängenden Fragestellungen sind sowohl im rechtlichen als auch im wirtschaftlichen Bereich von Aktualität. Zum einen sind hierzu, wie die Vorredner bereits erwähnten, Prozesse anhängig. Zum anderen weist der Markt von Verkauf-Videos generell und auch das Marktsegement Musik-Videos in Deutschland erhebliche Zuwachsraten auf, aller-

dings ausgehend von einem niedrigen Niveau[1]. Dieses Marktsegment hat heute einen Umsatz von ca. DM 80 Millionen. Bei tendenziell sinkenden Endverbraucherpreisen für VHS auf durchschnittlich DM 30,-[2] wird im Jahr 1994 der Umsatz bei ca. DM 120 Millionen liegen.
Der Anteil des internationalen Repertoires, vor allem *des angelsächsischen,* macht *wertmäßig* über 80 %, nach der Angebotsbreite, d.h. nach Kat.-Nr. über 90 % aus. Das erklärt auch, warum noch 1989 die Importe über 50 % ausmachten, vor allem aus England (USA-Importe sind unbedeutend wg. der anderen technischen Norm dort).[3]
Produktionen aus dem Bereich der populären Musik machen über 90 % des Musik-Bildtonträger-Marktes aus.[4] Man unterscheidet zwei Formen:

- Zum einen das Musik-Video, das den Musikinterpreten bzw. die Band oder das Orchester bei der Interpretation eines bestimmten Musikwerkes zeigt; es handelt sich hierbei um Laufbilder im Sinne von § 95 UrhG, kombiniert mit dem entsprechenden Ton, der Ton kann dabei tatsächlich »live«, also original zusammen mit dem Bild aufgenommen oder auch als Playback dazugespielt werden, wobei in diesem Fall die Interpreten die Darbietung lediglich mimen;
- Zum anderen wird ein bestimmtes Musikwerk in der Weise umgesetzt, daß dazu eine filmische Handlung transportiert wird. Bei den sog. Pop-Video-Clips ist diese Handlung entsprechend der Länge des Musikstükkes auf etwa 4 bis 6 Minuten begrenzt. Trotz dieser Kürze ist in den meisten Fällen der Bildteil als Filmwerk i.S. von § 2 Abs. 1 Ziff. 6 UrhG anzusehen.

Gebräuchlich sind heute und hierzulande bei den Musikvideos die technischen Formate VHS oder auch - in geringerer Katalogbreite und Stückzahl - Laserdiscs, letztere vor allem im Bereich Klassik.
Die sogenannten Video-Clips werden gundsätzlich nicht als Einzeltitel verkauft, ausgenommen die 5-Zoll-Laservision-Single. Solche Einzeltitel dienen zur sog. Promotion, also der Verkaufsförderung meistens der Audio-Single entsprechenden Inhalts oder einer Langspielplatte, auf der der Titel sich ebenfalls befindet.

1 Absatz von Musikvideos in Deutschland.

| 1988 | 1989 | 1990 | 1991 | 1994 |
|---|---|---|---|---|
| 300 | 700 | 1.300 | 2.400 | 4.000 |
| | | in 1.000 Stück | | (Schätzung) |

Quelle: Polygram Marktforschung G & I.
2 Quelle: Polygram Marktforschung.
3 Quelle: Polygram Marktforschung.
4 Quelle: Polygram Marktforschung.

Die 5-Zoll-Laservision-Single verdeutlicht übrigens in sinnfälliger Weise, wie dicht Bild und Ton eine Einheit bilden bzw. das Bild auch weggelassen werden kann oder ein - auch finanziell kaum spürbares - Additiv ist. (Leider hat sich dieses Format am Markt noch nicht durchgesetzt.)
Das normale VHS-Video oder die entsprechende Laserdisc hat üblicherweise die identische oder fast identische Spieldauer wie die dazugehörige Audio-Produktion. Viele bekannte, vor allem angelsächsische Künstler produzieren parallel zur Audio-Langspielplatte das Video. Aber auch Bestseller-Titelzusammenstellungen auf Tonträgern, insbesondere fernseh- und rundfunkbeworbene, die sog. Compilations, werden ergänzt durch ein entsprechendes Video. In der Werbung erfolgt dann der Hinweis: Auf CD, MC und (auch) Video bzw. VHS. Aus der Sicht der Marketing-Spezialisten ist dieser Bildtonträger quasi die »dritte Tonträgerfiguration«. Die Vertriebswege der Musikvideos sind im wesentlichen identisch mit denen der Tonträger. Im Durchschnitt dürften die Produktionskosten für den Bildteil der Musik-Bildtonträger doppelt bis dreifach so hoch sein wie die für den Ton.
Es erscheint mir zweckmäßig, auf diese tatsächlichen (Markt-) Gegebenheiten hinzuweisen, weil sie einen anschaulichen Hintergrund abgeben für die Rechtsfragen, die derzeit Gegenstand gerichtlicher Auseinandersetzungen sind. Gesucht wurde und wird von einem Teil der Musikverlegerschaft nach dem sogenannten »Video-Erstverwertungsrecht«. Allerdings haben die kreativsten Bemühungen engagierter Musikverleger es bisher nicht vermocht, fündig zu werden oder ein solches Recht in den einen oder anderen Paragraphen des Urheberrechtsgesetzes hineinflechten zu können.
Das sogenannte Video-Erstverwertungsrecht ist, wie sowohl das Kammergericht[5] als auch das Hanseatische Oberlandesgericht[6] entschieden haben, schlicht als Zweitverwertung zu qualifizieren in der Form der Vervielfältigung und Verbreitung.
In dem vom Kammergericht zu entscheidenden Fall[7] ging es um die »Video-Zweitverwertung von Kinofilmmusik im Rahmen der Vermarktung des Kinospielfilms als Videocassette für die häusliche Vorführung durch den privaten Endverbraucher«. In diesem Falle läßt sich die Ausübung eines »grundlegenden videospezifischen Werkherstellungsrechtes nicht erblikken. Für die Annahme einer solchen, dem Filmherstellungsrecht entsprechenden Grundlage der Video-Zweitauswertung ist kein Raum. Der Vorgang stellt sich bei natürlicher Betrachtung nicht weitergehend dar, denn als

5 Urteil v. 28.5.1991 - 5 U 2570/89.
6 Urteil v. 18.4.1991 - 3 U 146/90.
7 S. dazu die detaillierten Ausführungen von Poll in diesem Heft.

Vervielfältigung nach § 16 UrhG und Verbreitung nach § 17 UrhG . . . Daß nach den 1989 aufgestellten Erfahrungsregeln des Arbeitskreises Nutzungsrechte des deutschen Musikverlegerverbandes offensichtlich der Standpunkt eingenommen wird, es bedürfe bei der Zweitverwertung von Filmmusik über den Erwerb der Rechte zur Vervielfältigung und Verbreitung hinaus erst der grundlegenden - zu vergütenden - Einräumung der Berechtigung für die betreffende Nutzungsart überhaupt, zwingt nicht dazu, das als Voraussetzung für die Video-Zweitauswertung hingestellte, grundlegende Video-Filmherstellungsrecht als existierend zu bejahen.«[8]
Noch kürzer und prägnanter äußert sich hierzu das Hanseatische Oberlandesgericht[9] wenn es ausführt: »Es mag durchaus sein, daß die inhaltliche Beschränkung, die sich aus § 1 Lit.i (3) des Gema-Berechtigungsvertrages ergibt[10], nicht als »Video-Filmherstellungsrecht« bezeichnet werden kann.

8 KG, aaO.

9 HOLG, aaO.

10 Auszug aus § 1 des GEMA-Berechtigungsvertrages:
Der Berechtigte überträgt hiermit der GEMA als Treuhänderin für alle Länder alle ihm gegenwärtig zustehenden und während der Vertragsdauer noch zuwachsenden, zufallenden, wieder zufallenden oder sonst erworbenen Urheberrechte in folgendem Umfang zur Wahrnehmung nach Maßgabe der folgenden Bestimmungen:
(. . .)
i) (1) Die Rechte zur Benutzung eines Werkes (mit oder ohne Text) zur Herstellung von Filmwerken oder jeder anderen Art von Aufnahmen auf Bildtonträger mit der Maßgabe, daß GEMA und Berechtigter sich gegenseitig von allen bekanntwerdenden Fällen benachrichtigen. Der GEMA werden diese Rechte unter einer auflösenden Bedingung übertragen.
Die Bedingung tritt ein, wenn der Berechtigte der GEMA schriftlich mitteilt, daß er die Rechte im eigenen Namen wahrnehmen möchte. Diese Mitteilung muß innerhalb einer Frist von vier Wochen erfolgen; bei subverlegten Werken beträgt die Frist drei Monate. Die Frist wird von dem Zeitpunkt an berechnet, zu dem der Berechtigte im Einzelfall Kenntnis erlangt hat. In der Mitteilung des Berechtigten an die GEMA über einen ihm selbst bekanntgewordenen Einzelfall muß die Erklärung enthalten sein, ob er die Rechte im eigenen Namen wahrnehmen möchte. Der Rückfall tritt nur ein, soweit es sich um die Benutzung zur Herstellung eines bestimmten Filmwerkes oder sonstigen Bildtonträgers handelt. Bei Filmwerken schließt der Rückfall das Recht zur Vervielfältigung und Verbreitung ein, soweit es sich um Werke handelt, die zur öffentlichen Vorführung in Lichtspieltheatern oder zur Sendung bestimmt sind. Bei sonstigen Aufnahmen auf Bildtonträger beschränkt sich der Rückfall auf die Befugnis, die Zustimmung zur Werkverbindung und zur Herstellung von 50 gesondert zu kennzeichnenden Vervielfältigungsstücken für Einführungszwecke zu erteilen. Unberührt bleiben die Rechte für Fernsehproduktionen im Sinne von Abs. (3).
(. . .)
(3) Bei Fernsehproduktionen vergibt die GEMA die Herstellungsrechte an Fernsehanstalten und deren eigene Werbegesellschaften insoweit, als es sich um Eigen- oder Auftragsproduktionen für eigene Sendezwecke und Übernahmesendungen handelt. Die Einwilligung des Berechtigten ist jedoch erforderlich, wenn Dritte an der Herstellung beteiligt sind oder wenn die Fernsehproduktionen von Dritten genutzt werden sollen. Dies gilt insbesondere für Coproduktionen.
(. . .)

Es geht nicht um Begriffe, und an der Sache selbst ändert sich daran nichts. Es mag auch sein, daß ein »Filmherstellungsrecht« durch die Gestattung (gemeint ist die erste Fixierung, der Verf.) »verbraucht« ist. Dieser Verbrauch kann aber nur soweit reichen, wie die Gestattung ihn überhaupt ermöglicht.«

Meines Erachtens sind die Begründungen beider Entscheidungen richtig. Ich erwarte auch nicht, daß der BGH die in der Revision befindliche Entscheidung des Kammergerichtes hinsichtlich des sog. »Filmherstellungsrechtes« anders würdigen wird.

Obwohl ich mich mit Musik-Videos befasse, erwähne ich diese beiden Entscheidungen, weil bei § 1 Buchstabe h und i des GEMA-Wahrnehmungsvertrages, und zwar im Zusammenhang mit dem Rückrufrecht, nicht zwischen Spielfilm und Musik-Video unterschieden wird. Auch der Musikvideo-Verwerter, der eine früher im Fernsehen gesendete Musiksendung für die Musikvideo-Verwertung übernehmen will, muß also damit rechnen, daß der Musikverleger von seinem Rückrufrecht gegenüber der GEMA Gebrauch macht und er nicht automatisch - wie beim Tonträger - lediglich das mechanische Vervielfältigungs- und Verbreitungsrecht an die GEMA vergüten muß.

Daß in solchen Fällen der Video-Zweitverwertung der Musik-Verleger also der Verwertung zustimmen muß bei Ausübung seines Rückrufrechtes, steht nicht im Streit. Die inhaltliche Beschränkung von Nutzungsrechten zumindest auf schuldrechtlicher Basis - auch nach der ersten Fixierung - ist möglich, soweit diese Beschränkung nicht durch den Erschöpfungsgrundsatz, § 17 Abs. 2 UrhG, durchbrochen wird. Diese Beschränkung ist das wichtigste Steuerungsinstrument für alle Verwerter urheberrechtlicher Leistungen, natürlich auch für den Musikverleger. Vor allem auch der Filmhersteller kann - wesentlich besser z.B. als im Vergleich dazu der Tonträgerhersteller - auf diese Weise die Verwertung des Filmwerkes steuern. Man denke z.B. an die Verwertung eines Spielfilms zunächst im Kino, danach im Fernsehen, danach als Video zur Vermietung und danach zum Verkauf.

Haben wir es jedoch nur mit einer schuldrechtlichen Rechtsbeschränkung zu tun, so stellt sich - viel eher als bei den (dinglichen) Verbotsrechten des Urheberrechtsgesetzes - die Frage, ob solche Beschränkungen wirtschaftlich sinnvoll sind. Einmal wird mit dem im GEMA-Wahrnehmungsvertrag enthaltenen schuldrechtlich gestalteten Rückrufrecht der dem § 88 UrhG zugrundeliegende, sehr pragmatische Gedankenansatz konterkariert, die Verwertungsrechte möglichst vollständig in einer Hand zu bündeln. In der Praxis erweisen sich die Musikverleger bei der Ausübung des Rückrufrechts wirtschaftlich einen Bärendienst. Die potentiellen Videoverwerter

weichen entweder auf ausländische Produktionen aus - dies schlägt sich auch deutlich in den Marktdaten nieder - oder lizenzieren ihre Produktionen, soweit rechtlich möglich, im Ausland; dies gilt insbesondere für Musikvideos.
Es kommt ferner hinzu, daß zahlreiche deutsche Musikverleger ihre Zustimmung für die Video-Zweitauswertung mit der Forderung nach einer Pauschalvergütung pro Titel verbinden. Es geht dabei um Beträge zwischen 500,- bis 5.000,-Mark pro Titel, was bedeuten würde, daß bei einer Musik-Videokompilation mit 10 Titeln alleine für die Einwilligung zu dieser Verwertungsart eine Pauschalvergütung verlangt wird, die über die Vergütung für die mechanische Vervielfältigung und Verbreitung um ein Mehrfaches hinausgeht. Herr Dr. Moser sprach in diesem Zusammenhang von »Mondpreisen«[11], Herr Mewes im Gegensatz dazu von »Sonnenscheintarifen«.
Für den Musikvideo-Verwerter ist die Rechnung einfach: derartige zusätzliche Pauschalvergütungen machen die Verwertung unwirtschaftlich. Es ist daher verständlich, warum es bisher wenige deutsche Musikvideos auf dem Markt gibt. Die Tonträgerhersteller sind im Grundsatz nicht bereit, über derartige Pauschalvergütungen mit dem Musikverleger zu verhandeln. In den Fällen, in denen bekannte deutsche Interpreten zugleich die Komponisten der auf der Videoproduktion enthaltenen Werke sind, werden derartige Zusatzhonorare ohnehin nicht verlangt.
Der Musikverleger ist zwar daran interessiert, daß aufgrund der herrschenden Werbegewohnheiten Musikvideos produziert und in den diversen Musiksendungen des öffentlichrechtlichen und des privaten Fernsehens gezeigt werden, um die Verkäufe der Tonträger zu fördern. In dem Augenblick jedoch, in dem diese sog. Promotion-Videos selbst als Einnahmequelle durch den Tonträgerhersteller, nämlich durch Verkauf genutzt werden sollen, wird die Verwertung aufgrund der wirtschaftlichen Forderungen praktisch abgeblockt.
Musik-Videos deutscher Musikinterpreten werden, von wenigen sehr bekannten Ausnahmen abgesehen, lediglich in drei- bis vierstelligen Stückzahlen verkauft. Auf das einzelne Stück umgelegt bedeutet dies, daß die Pauschalvergütung pro Video oft zwischen DM 5,- und DM 20,- liegt - zusätzlich zu der zu zahlenden mechanischen Vergütung.
Die eben erwähnte Entscheidung des Hanseatischen Oberlandesgerichts läßt allerdings erkennen, daß wirtschaftliche Erwägungen bei diesem Gericht - wie übrigens auch bei den meisten anderen - kein offenes Ohr finden. Hiergegen ist an sich nichts einzuwenden. Kann sich doch das Gericht

11 S. 42 in diesem Heft.

ausschließlich auf rein rechtliche Erwägungen beschränken, auch wenn zumindest die Beklagte, wenn nicht gar beide Parteien etwas anderes erwartet haben mögen. Es wird damit jedoch deutlich, daß die Kontrahenten außerhalb der Gerichte nach wirtschaftlich tragfähigen Lösungen ernsthaft suchen sollten. Dies geschieht in anderen Fällen auch.

Immer mehr Musikverleger sehen inzwischen, daß es aufgrund der engen wirtschaftlichen und vertrieblichen Verbindung zwischen dem Tonträger und dem Musik-Video wichtig ist, die erwähnten wirtschaftlichen und administrativen Hemmnisse zu beseitigen, indem die für die mechanische Vervielfältigung und Verbreitung gezahlte Lizenz als einzige Vergütung akzeptiert wird.

Die Musikverleger, die diesen Weg nicht gehen, werden im Rahmen weiterer bereits anhängiger Schadenersatzprozesse in einigen Jahren mit Hilfe der Gerichte und Gutachter wissen, welches die »angemessene Entschädigung« und damit künftig die angemessene Pauschal-Vergütung ist für diese Zustimmung zur Musik-Video-Verwertung. Unabhängig hiervon und da die Zeit drängt, sollten die Tonträgerhersteller und die Musikverleger, zusammen mit der GEMA, im direkten Gespräch zumindest zu einem provisorischen Konsens gelangen angesichts des sich öffnenden Binnenmarktes in der EG.[12] Denn in England scheint sich inzwischen - in Kenntnis dieser praktischen Verwertungshemmnisse - selbst bei der Musik-Video-Erstverwertung, d.h. also bei der ersten Fixierung, die Übung durchgesetzt zu haben, daß

- zunächst einmal dem Grunde nach das Zustimmungsrecht anerkannt wird gegen Zahlung eines symbolischen Betrages von 1 £,
- ansonsten die mechanischen Lizenzen gezahlt werden; dies sind derzeit 6 % vom Händlerabgabepreis des Musik-Videos,
- und (was fast das wichtigste ist) die Verwertungsgesellschaft (MCPS) bzw. die Musikverleger eine zumindest EG-weite Freistellung von Ansprüchen Dritter gewähren.

Dies gilt, ich betone es noch einmal, für Musik-Videos, nicht für das sog. »Synchronization Right« im Spielfilm.

Im Zuge des Zusammenwachsens der Märkte in der europäischen Gemeinschaft wirken sich die beschriebenen, für Deutschland besonders typischen Hemmnisse sowohl für den deutschen Musikverleger als auch für die GEMA negativ aus. Da, wie eingangs dargestellt, mehr als 80 % der Musik-Video-Umsätze mit angelsächsischem Repertoire erzielt werden, der deut-

12 (Auf diese Entwicklung hat in aller Deutlichkeit Herr Professor Kreile in seinem Diskussionsbeitrag hingewiesen).

sche Musikverleger also in der ganz überwiegenden Zahl der Fälle nur als Sub-Verleger tätig werden könnte, läuft das Musik-Video-Geschäft fast vollständig an ihm vorbei.
Dieser Trend ist nicht nur bei Musik-Videos zu beobachten. Der EG-Binnenmarkt ändert die Lizenzstrukturen (ebenso wie die Tonträger- und Video-Handelsstrukturen) in den nächsten Jahren ganz erheblich. Die Musik spielt dann jeweils stärker als bisher »an der Quelle«. Die rechtlichen, wirtschaftlichen und EDV-technischen Rahmenbedingungen sind dafür vorhanden. Das bedeutet in diesem Fall: *Bei der Musikverwertung fallen die (Lizenz-)Entscheidungen zunehmend öfter in London.*
Währenddessen fechten zwei deutsche Musikverleger, der (böse) Videoverwerter und die GEMA am Rande eines Brunnens um das »Video-Erstverwertungsrecht«. Die erwähnte Entscheidung des Kammergerichts ist dabei das Drehbuch für das Gefecht.
Zuerst fällt der schwer blessierte Video-Verwerter in den Brunnen und er wird, sofern der Bundesgerichtshof es bei den guten Gründen des Kammergerichts beläßt, den größten Teil der Zeche zahlen müssen. Zu ihm gesellt sich jedoch bald der erste und dann auch der zweite Musikverleger; und schließlich fällt noch die - nicht prozeßbeteiligte - GEMA hinterdrein, alle drei ebenfalls erhebliche Blessuren davontragend. Diese Kammergerichtsentscheidung, die den teils verwirrenden, teils unklaren Rechtszustand exemplarisch wie trefflich beschreibt, sollte Grund genug für alle Parteien sein, eine pragmatische Lösung zu finden.
Mein Petitum lautet daher: *Bei Musik-Videos sollten die Verleger auf ihr Rückrufrecht im Wahrnehmungsvertrag mit der GEMA verzichten und es - wie im Tonträgerbereich - bei der Vergütung für die mechanische Vervielfältigung und Verbreitung belassen, wie dies bei der Tonträgerverwertung seit Jahrzehnten selbstverständlich ist. Man kann dies z.B. zunächst - vertrauensbildend quasi - für eine Testphase tun, ohne den Wahrnehmungsvertrag zu ändern. Die Erfahrungen werden klären, ob Beschränkungen künftig dann noch nötig sein werden.*
*Bei der Videoverwertung von Spielfilmen sollte ebenfalls eine pragmatische Lösung in Bälde gefunden werden, wobei ich einräume, daß in diesem Bereich die Rechtsprobleme komplexer sind als bei den Musik-Videos.*

*Norbert P. Flechsig*

# Musik im Fernsehen

## - Ein referierender Bericht -

Die öffentliche Aufführung urheberrechtlich geschützter Tonfilmbegleitmusik ist genehmigungs- und damit tantiemenpflichtig.[1]

### 1. *Musik und Fernsehen*

Musik - eine Sprache ohne Sinnbildlichkeit, eine Natursprache, die durch die in ihr liegenden Zeitmomente, Höhen und Tiefen, Rhythmik und Harmonik sowie Intervalle gewisse Gefühle wachrufen und Vorstellungen anklingen läßt. Musik und Fernsehen scheinen auf den ersten Blick nicht richtig zusammen zu passen. Wer an Fernsehen denkt, der denkt wohl in erster Linie an Film und hat mit Musik nicht viel im Sinn; der Verwendungsumfang dieser televisuellen »Wiedergabe eines Seelenvorgangs«[2] belegt das Gegenteil:

Ausweislich beispielsweise der statistischen Angaben der ARD für das Jahr 1991 wurden im Ersten Fernsehprogramm pro Tag 11 Stunden 27 Minuten durchschnittliche tägliche Programmleistung erbracht, wovon nahezu eine Stunde Minuten Musiksendungen in Eigen-, Auftrags-, Ko- und Ko-Eigenproduktionen sowie Fremdfilmen einschließlich Wiederholungen und sonstige Übernahmen eingestellt waren.[3] Musiksendungen enthalten Ernste Musik, Unterhaltungsmusik oder Jazz, ferner Konzerte, Oratorien, Chor und Lied, Ballett, Tanz und Pantomime.

Die fünf Dritten Fernsehprogramme der ARD wiesen in 1991 insgesamt 1.325.529 Minuten Programmleistung aus, worauf 40.946 Minuten auf Musiksendungen entfielen.[4]

Musiksendungen werden je nach Rundfunkanstalt in unterschiedliche Programmsparten eingeteilt. Das ZDF beispielsweise benennt für seinen Mu-

1 RG Urteil vom 5.4.1933 - I 175/32, RGZ 140, 231, Schulze RGZ 3 mit Anm.
2 Kohler: Urheberrecht an Schriftwerken und Verlagsrecht, 1907, S.135.
3 Quelle ARD-Jahrbuch 1991, S. 419 ff., 423: Gattungen.
4 Quelle ARD-Jahrbuch 1991, S. 432 f. entspricht 3,1 % der Gesamtsendeminuten.

sikkanal in 1990[5] unter anderem die Programmsparten Opern, Operetten, Ballette, Nightshows, volkstümliche musikalische Unterhaltung, Internationale Popmusik, Unterhaltende Musik und Ernste Musik, Musikfilme mit im selben Jahr insgesamt 42.661 Minuten oder täglich 2 Stunden reine Musiksendung.
Betrachtet man einmal die Programmaufwendungen und damit (nur) die direkten Programmkosten des ZDF für Musik[6], so entfallen hierauf vom Gesamtsendeaufwand in Höhe von 640,8 Mio.DM in 1989 auf den reinen Musikbereich anteilig 16,3 Mio.DM; hierin eingeschlossen sind nicht die vielfältigen Verwendungen von Musik in anderen Programmbereichen.
Ähnlich sieht die Aufwendungsseite für Musik im Fernsehen einschließlich Werbefernsehen im Jahre 1991 in der ARD aus. Hier beliefen sich bei den ARD-Landesrundfunkanstalten und ihren Werbetöchtern (nur Fernsehen) für Musiksendungen im Fernsehen die insgesamt an GEMA und GVL gezahlten Beträge auf 105,5 Mio.DM; an Musikverleger wurden für Materialentschädigung (Kleines Recht) 3,8 Mio.DM gezahlt.[7] Hinzu treten die Sendevergütungen und Materialentschädigungen für die Verwendung der musikalischen Werke des Großen Rechts (Opern und Operetten, Bühnenwerke etc.), deren finanzieller Aufwand für die ARD im Jahre 1990 auf etwa 9,715 Mio DM geschätzt werden kann.[8] Ferner treten die Honorare an freie musikalische Mitarbeiter hinzu, die nicht zu schätzen sind.
Musik ist darüber hinaus auch in anderen Fernsehsendungen enthalten. Aktuelle Sendungen wie Tagesschau und Tagesthemen, Heute und Heutejournal oder die berichterstattenden Programme der Privaten Fernsehrundfunkveranstalter SAT 1 und RTL Plus wie auch Pro 7 und Tele 5 oder Premiere nutzen zur Untermalung und gefälligen Begleitung des Fernsehbildes in nahezu allen Sendungen von früh bis spät Musik. Hierbei wird nahzu ausschließlich auf die Konserve und damit auf Industrietonträger oder Sendebänder zurückgegriffen.
Hinzutritt die Verwendung von Musik in den Kulturprogrammen von ARD und ZDF: ARD 1 Plus und ZDF 3 SAT. Musik wird auch hierin groß geschrieben; der diesbezügliche Rechteerwerb ist mit den Verträgen der Landesrundfunkanstalten bzw. des ZDF gesichert.
Seit dem 30.Mai 1992 können die verkabelten deutschen und französischen Fernsehzuschauer sowie die Inhaber von entsprechenden Satellitenemp-

5 Quelle ZDF-Jahrbuch 1990, S. 191.
6 Quelle ZDF-Jahrbuch 1990, S. 229.
7 Quelle ARD-Jahrbuch 1991, S. 380, 389.
8 Quelle EBU Questionnaire on Rights Payments 1990; diesbezügliche Verträge werden individuell mit den Rechteinhabern/Verlegern geschlossen, siehe unten zu 2.2.

fangsanlagen auf ARTE, dem ersten grenzüberschreitenden, bilateralen Fernsehkanal Europas mindestens 300 Minuten täglich Kultur empfangen. Es wird geschätzt, daß jährlich etwa 1100 Minuten an Musikwerken allein des Großen Rechts Verwendung finden; das Programmschema des EKK für 1992 weist aus, daß ähnlich den Programmen privater und öffentlich-rechtlicher Programmveranstalter in der Bundesrepublik Musik in allen Programmsparten von Sendebeginn bis Sendungsende[9] unterschiedlich häufig und intensiv genutzt wird. Der Mittwochabend ist als sogenannter »Musikabend« ausschließlich diesen persönlich-geistigen Werken der Tonkunst gewidmet.[10]

Von besonderer Bedeutung sind darüber hinaus auch für das Fernsehen die vielzähligen Wettbewerbe und Veranstaltungen der öffentlich-rechtlichen Rundfunkanstalten vielfach in Verbindung mit kommunalen und privaten Einrichtungen. Die Übertragungen dieser Musikveranstaltungen im Fernsehen - wie beispielsweise das Deutsche Jazzfestival durch den HR, die Schwetzinger Festspiele durch den SDR, der Internationale Chorwettbewerb im Auftrag der UER durch den DLF, das BodenseeFestival und die Ludwigsburger Schloßfestspiele des SWF, das Schleswig-Holstein-Festival von NDR und DLF, der ARD-Musikwettbewerb, das WDR-Folkfestival, um nur einige zu nennen[11] - sind dabei ebenso bedeutsam, wie die Ereignisse an sich.

## 2. *Zur Einräumung der Senderechte an musikalischen Werken*

Die Rechtseinräumung an Werken der Musik zugunsten einer Wiedergabe im Fernsehen erfolgt unterschiedlich danach, ob es sich um ein sogenanntes Kleines Recht oder aber um Werke des Großen Rechts handelt.

Großes Recht meint das Recht der *bühnenmäßigen* Aufführung von »ganzen, vollständigen« dramatischen (auch wortdramatischen) Werken, egal ob es sich um Bühnenwerke (Opern, Operetten, Schauspiele) oder um Versehen, Briefwechsel oder echte Dialoge handelt. Demgegenüber versteht man allgemein unter einem sogenannten »Kleinen Recht« den Unterfall oder Teilfall des Großen Rechts der Unterhaltungsmusik, bei der insbesondere

9 Zur Zeit [Juni 1992] von 18.30 bis 24.00 Uhr mit Wiederholungen ab 17.00 Uhr.

10 Vgl. hierzu und weiterhin das angekündigte Programm von ARTE in der ersten Woche vom 30.5. bis 6.6.1992.

11 Vgl. hierzu weiterhin ARD-Jahrbuch 1991, 171 ff.

keine bühnenmäßige Aufführung stattfindet, sondern nur eine ausschnittsweise Verwendung zum Beispiel zur Untermalung und Erläuterung erfolgt.[12]

## 2.1. *Die Einräumung des Senderechts an Musikwerken via Sendepauschalverträge*

Die vorstehende Unterscheidung Großes Recht und Kleines Recht ist für den Charakter des Rechts und/oder die Notwendigkeit eines Lizenzerwerbs nicht erheblich; sie ist jedoch deshalb von Bedeutung, weil neben den sogenannten Großen Rechten der bühnenmäßigen Darbietung die sogenannten Kleinen Rechte in Deutschland von der GEMA wahrgenommen werden, die nach deutschem Recht dem Kontrahierungszwang unterliegt, während das sogenannte Große Recht, soweit es die bühnenmäßige Aufführung, Verfilmung und Sendung betrifft, in der Regel von Bühnenverlegern verwaltet wird und die Rechtevergabe damit individueller Entscheidung überlassen bleibt.[13] Letztlich wird der genaue Umfang des »Kleinen Rechts« (und damit notwendigerweise auch der des »Großen Rechts«) von dem jeweiligen GEMA-Berechtigungsvertrag, für die Rundfunkanstalten durch den Senderechtsvertrag mit der GEMA bestimmt. In ersterem[14] überträgt der Komponist oder Verleger der GEMA

> »Die Rechte der Fernseh-Sendung mit Ausnahme von dramatisch-musikalischen Werken, sei es vollständig, als Querschnitt oder in größeren Teilen«

sowie

12 Vgl. hierzu *Schricker/v. Ungern-Sternberg,* § 19 Rdnr. 29 m.w.N. und die Abgrenzungsvereinbarung zwischen GEMA und Rundfunkanstalten, abgedruckt in Schulze, Urhebervertragsrecht, 3. Aufl., S. 478.

13 Entsprechendes gilt auch in anderen Ländern: In den USA beispielsweise hatte der Court of Appeals [Second Circuit, Circuit Judge Kaufmann, March 17,1972 [173 USPQ 258: The Robert Stigwood Group Limited, et al. v. Sperber, et al. - GRUR Int. 1973, 118 - Jesus Christ Superstar -] noch unter dem alten US-CA 1909 entschieden, daß die bühnenmäßigen Werkwiedergaberechte nicht der ASCAP (American Society of Composers, Authors and Publishers) zustehen, sondern von dem Urheberrechtsinhaber, dem copyright owner als Recht zur dramatischen Werkwiedergabe selbst vergeben werden können; insoweit seien diese Rechte nicht auf die ASCAP übertragen. Großes Recht sei u.a. dann gegeben, wenn von 23 Songs 20 Songs aus einem geschützten Werk in fast identischer Reihenfolge auch ohne Kulisse und Kostüme dargeboten werden; eine solche Handlung stelle deshalb eine dramatische Aufführung dar, weil sie im wesentlichen die gleiche Handlung wie das geschützte Werk entwickele.

14 GEMA-Berechtigungsvertrag in der Fassung der Mitgliederversammlung vom 27./28.Juni 1989, § 1 lit. d) und e), abgedruckt in GEMA-Jahrbuch 1991, S. 69.

»Die Rechte der Fernseh-Wiedergabe einschließlich sog. reversgebundene Werke, und zwar auch soweit Sendungen mit Hilfe von der Wiedergabe von dramatisch-musikalischen Werken«.

Die GEMA wiederum räumt den Rundfunksanstalten gemäß anstaltsindividueller Senderecht-Pauschalvereinbarung[15] die entsprechenden »Rechte zur Sendung von Werken der Tonkunst mit oder ohne Text [ein]. Die Einwilligung umfaßt jedoch nicht die Sendung dramatisch-musikalischer Werke, sowohl vollständig, als Querschnitte oder in größeren Teilen«.[16]
Entsprechendes gilt für die Rechtevergabe für »kommerzielles Werbefernsehen« an die Werbegesellschaften der Sendeunternehmen, sofern es sich um eigene Sendezwecke handelt;[17] damit ist aber für den Fall der Coproduktion mit Dritten keine entsprechende Rechtseinräumung an den coproduzierenden Dritthersteller verbunden.[18]
Der inhaltliche Rechteumfang umfaßt die Sendung im Sinne des § 20 UrhG. Mit Nachträgen aus den Jahren 1985/89 zum GEMA-Rundfunkanstalten-Grundvertrag wurde klargestellt, daß hierunter auch die Übertragung »durch Drahtfunk, Kabel oder ähnliche technische Einrichtungen auch durch Dritte innerhalb und außerhalb des Versorgungsbereichs der Rundfunkanstalt« aber innerhalb der Bundesrepublik fällt. Ferner ist durch die Vergütung der ARD-Landesrundfunkanstalten »auch die Nutzung des Gesamtrepertoires der GEMA in den über Fernmeldesatelliten verbreiteten und in Kabelanlagen eingespeisten Programmen« und über Rundfunksatellit mitabgegolten.
Die ARD-Landesrundfunkanstalten entrichten im Jahre 1992 für die umfassende Nutzung des GEMA-Repertoires pro angemeldetes, nicht gebührenbefreites Fernsehgerät DM 0,055[19] pro Monat und die Werbetöchter 4,8 % ihrer Bruttoeinnahmen[20] aus Fernseh-Werbesendungen.

15 GEMA-ARD-Landesrundfunkanstalten-Grundvertrag aus 1959 (damals noch mit dem BIEM [Bureau International de l'Edition Mécanique] - z.Bsp. Sendepauschalvertrag GEMA/SDR vom 6.4./24.8.1959), § 1 Abs. 2 lit. a).

16 Die für die Vervielfältigung von Wiedergabevorrichtungen von Werken der Tonkunst erforderlichen Rechte sind nach § 1 Abs. 2 lit. b) des vorerwähnten Sendepauschalvertrages eingeräumt. Dies bedeutet keine Einräumung eines Vervielfältigungsrechts an den Musiknoten, hierzu unten 2.4. - Zur diesbezüglich ergänzenden Abgrenzungsvereinbarung (abgedruckt in Schulze, Urhebervertragsrecht, 3.Aufl. 1982, 478) siehe unten 2.2.

17 Entsprechende Verträge stammen ebenfalls aus dem Jahre 1959, damals noch mit dem BIEM.

18 Vgl. hierzu auch GEMA-Berechtigungsvertrag § 1 Abs. 3, abgedruckt in GEMA-Jahrbuch 1991, S. 69.

19 Seit dem 1. Januar 1981.

20 Unverändert seit 1968. Brutto ist Einnahme-Netto abzüglich üblicher Agenturvergütung und Mengenrabatt.

## 2.2. *Die Einräumung des Senderechts an Musikwerken via individuellem Sendevertrag*

Was unter Teilen, Querschnitten und Ausschnitten zu verstehen ist, regeln Üblichkeiten, die in einer »Regelsammlung Rundfunk/Verlage« genannten Sammlung von Rechts- und Vergütungsregeln eingestellt sind und regelmäßig zur Grundlage der individuellen Verlagsvertragsabsprachen gemacht werden.[21] Diese Unterscheidung bei der Sendung von Musik im Fernsehen wird durch eine entsprechende Abgrenzungsvereinbarung GEMA - Rundfunkanstalten ergänzt.[22] Hiernach werden im Bereich des Fernsehens von der GEMA die Werknutzungsrechte an Teilen, Querschnitten und Ausschnitten bis zu 15 Minuten für Fernsehzwecke aus dramatisch-musikalischen Werken vergeben, jedoch höchstens bis zu 25 % des Gesamtwerkes und ohne Libretto und ohne Bearbeitungsrecht wahrgenommen.[23] Übersteigt die Sendedauer der Teile, Querschnitte oder Ausschnitte 15 Minuten oder 25 % des Gesamtwerkes, so ist mithin ein Senderechtsvertrag mit dem Komponisten oder Verleger erforderlich mit der Maßgabe, daß die Vergütung sich nach den jeweiligen Verbandsempfehlungen richten kann und richtet.[24] Einschränkend zu dieser Regelung gilt ferner, daß auch dann keine Rechtseinräumung via verwertungsgesellschaftlichem Pauschalvertrag mit der GEMA erfolgt, wenn die ausschnittsweise Verwendung »das szenische Geschehen des ganzen Werkes eindeutig erkennen« läßt.[25]

Arbeitet der musikalische Urheber unmittelbar für die Sendeanstalt, schließt diese einen sogenannten Auftragskompositionsvertrag in den Fällen Großer Werkrechte[26] hinsichtlich des Werkschaffens an sich sowie mit dem Komponisten oder dessen Verleger nochmals gesondert einen Senderechtsvertrag ab. Insoweit Kleine Senderechte in Frage stehen werden sowohl der Vertrag über die Werkerstellung wie auch die Nutzungsrechte hieran mittels Senderechtsvertrag erworben, dem zum Rechteumfang und Inhalt die allgemeinen Geschäftsbedingungen der Anstalt, regelmäßig in Form von Tarifverträgen über die Urheberrechte freier Urheber-Mitarbeiter[27] zugrunde liegen.

21 Abgedruckt in Schulze, Urhebervertragsrecht, 3. Aufl. 1982, 967 ff., Regeln 68 - 68.9.
22 Abgedruckt in Schulze, Urhebervertragsrecht, 3. Aufl. S. 478, sub. I.
23 Vgl. Regelsammlung Rundfunk/Verlage Regel 68.12.
24 Vgl. Regelsammlung Rundfunk/Verlage Regel 68.13 i.V.m. Regel 56 ff.
25 Vgl. Regelsammlung Rundfunk/Verlage Regel 68.5.
26 Zu den üblichen Mustern vgl. etwa Nordemann in Münchner Vertragshandbuch, Bd. 3, S. 557 und Schulze, Urhebervertragsrecht, 3. Aufl. 1982, Nr. 82.
27 Siehe hierzu etwa den Tarifvertrag über die Urheberrechte arbeitnehmerähnlicher Personen des SDR vom 11.8.1988. Für Mitwirkende und also ausübende Künstler gelten ähnliche, entsprechende Rechtseinräumungsregeln, siehe unten 3.2.

## 2.3. *Fernsehsendung geschützter Ausgaben nach §§ 70, 71 UrhG*

Insoweit musikalische Erstausgaben, sogenannte editio princeps und wissenschaftliche Ausgaben von Musikwerken nach §§ 70 f. UrhG in Frage stehen, sind ebenfalls die erforderlichen Fernsehsenderechte zu erwerben. Als bekannteste wissenschaftliche Ausgaben neueren Datums können hier beispielsweise Mozarts Sinfonie KV 19 a)[28] oder Haydns Konzert in C-Dur für Violoncello und Orchester[29] genannt werden. In diesen Tagen ist Puccinis Mottetto per San Paolino wiederentdeckt worden.
Die diesbezüglichen Senderechte werden in großem Umfang von der VG Musikedition[30] verwaltet beziehungsweise wahrgenommen; nur sofern die diesbezüglichen Senderechte an Bühnenwerken und deren Ausgaben 15 Minuten im Fernsehen »und außerdem ein Viertel der Dauer des Gesamtwerkes übersteigen«[31], verbleiben die diesbezüglichen Nutzungsrechte dem Herausgeber oder dessen Verleger und sind von diesem unmittelbar zu erwerben.
In Ermangelung bestehender Sendepauschalvereinbarungen mit öffentlich-rechtlichen oder privaten Rundfunkanstalten bedarf es mithin durch die VG Musikedition jeweils individueller Rechtseinräumungen, die sich auf die sende- und aufführungsmäßige Verwendung beziehen können.[32] Die Vergütung für eine jeweils einmalige Ausstrahlung lehnt sich hierbei an die veröffentlichten Tarife der VG Musikedition an, die zwischen nationalen und regionalen Ausstrahlungen der Landesrundfunkanstalten unterscheiden.[33]

## 2.4. *Fernsehsendung und Materialentschädigung*

Die Aufführung wie die Sendung von musikalischen und dramatischen Werken setzt die Benutzung von Notenmaterial voraus. Dieses wird insbesondere bei Bühnenwerken, aber auch bei Konzertwerken regelmäßig nicht käuflich erworben, sondern nur gemietet. Der Grund hierfür liegt einmal bei

28 Editio Princeps (§ 71 UrhG), Autograph wiederentdeckt 1981.

29 Wissenschaftliche Ausgabe (§ 70 UrhG) von 1961; die VG Musikedition hat über das von ihr vertretene Ausgabenrepertoire einen Katalog herausgegeben.

30 Früher IMHV - Interessenvereinigung musikwissenschaftlicher Herausgeber und Verleger, Kassel.

31 Vgl. Wahrnehmungsberechtigtenvertrag der VG Musikedition i.d.F. vom 30.8.1985, § 1 letzter Absatz i.V.m. den hierzu getroffenen Absprachen im »Annex zum Formblatt« und den »Anmerkungen, Erläuterungen und Hinweisen zum Berechtigungsvertrag«.

32 Vgl. hierzu ergänzend Satzung VG Musikedition i.d.F. vom 19.9.1986, in Hillig, Urheber- und Verlagsrecht, 5. Aufl. 1990, Nr. 20.

33 Veröffentlicht in Bundesanzeiger Nr. 174 vom 16.9.1977; sub. B. Senderechte.

dem Musikverleger, der wegen der hohen Druckkosten nur einige Exemplare herstellt, die nicht verkauft werden, zum anderen bei dem Veranstalter, der im Hinblick auf die regelmäßig zeitliche Begrenzung der Aufführungsdauer und der Notwendigkeit des Erwerbs einer größeren Anzahl von (entsprechend der Besetzung verschiedenen) Werkexemplaren an einem Kauf gar kein Interesse hat; gleichwohl ist ein Orchester auch bei bekannten Werken stets auf Noten angewiesen, weil ein größerer Klangkörper nicht auswendig spielen kann.

Das Entgelt für die mietweise Überlassung von Notenmaterial wird im Rechtsleben als »Materialleihgebühr« bezeichnet. Die im Rahmen mit der Materialmietgebühr bestehenden rechtlichen Probleme können hier nicht abschließend gelöst oder auch nur behandelt werden;[34] festzuhalten ist, daß diese Zweifelsfragen aus der Aufteilung der Nutzungsrechte auf verschiedene Berechtigte herrühren: Üblicherweise übertragen die Musikverleger den überwiegenden Teil der erworbenen urheberrechtlichen Befugnisse mittels dem bereits erwähnten Berechtigungsvertrag auf die GEMA. Von dieser Rechtsübertragung ausgenommen sind insbesondere auch die sogenannten graphischen Rechte, nämlich die sich auf die Vervielfältigung (Herstellung) der Musikmaterialien und deren Verbreitung beziehenden urheberrechtlichen Befugnisse. Da durch die Vermietung keine Veräußerung stattfindet, wird durch die Materialleihe das Verbreitungsrecht des Verlegers an den ausgeliehenen Noten nicht gemäß § 17 Abs. 2 UrhG erschöpft.

Im Hinblick auf die Fernsehsendung von Musikwerken gilt, daß die fraglichen Materialentschädigungsrechte nicht auf die GEMA übergehen, wie dies der Rundfunkvertrag zu den Sendeanstalten ausdrücklich bestimmt:[35]

> »Unberührt von der Einwilligung bleibt die Frage der Materialentschädigung für sog. reversgebundene Werke, und zwar auch soweit Sendungen mit Hilfe von Wiedergabevorrichtungen durchgeführt werden. Soweit erforderlich, ist diese Frage von der Rundfunkanstalt mit dem in Betracht kommenden Berechtigten unmittelbar zu regeln.«

34 Zu den Rechtsfragen der Materialentschädigung vgl. *Greuner:* Urheberrechtliche Fragen der sogenannten Materialleihgebühr, in: Mitteilungen der deutschen Patentanwälte 1960, 308; *Deutsch:* Der Anspruch auf Materialentschädigung bei Urheberrechtsverletzungen, in: GRUR 1967, 233; *Runge:* Konzertveranstaltungen und Notenrecht, in: GRUR 1972, 120; Rumphorst: Materialmiete und Materialentschädigung in der Praxis der Rundfunkanstalten, in: Festschrift Eugen Ulmer zum 70.Geburtstag 1975, S. 39.

35 AaO., § 1 Abs. 8 sowie die oben bereits erwähnte Abgrenzungvereinbarung GEMA-Rundfunkanstalten, abgedruckt in Schulze, Urhebervertragsrecht, 3. Aufl. 1982, S. 478; siehe zur Frage der Wahrnehmung der sog. graphischen Rechte auch BGH GRUR 1972, 141 - Konzertveranstalter.

Werden mithin Musikwerke für Fernsehzwecke verwendet, für die im Rahmen sogenannter Materialleihe die diesbezüglich erforderlichen Noten vom Verleger gemietet oder auch nicht gemietet werden, werden die Regeln der Regelsammlung Kleines Recht/Fernsehen zwischen Sendeunternehmen und Verlag regelmäßig für die sendemäßige Nutzung und deren Abgeltung zugrunde gelegt. -[36] Hiernach werden für die jeweiligen Programme spezifische Tabellensätze vereinbart.[37] Nach allgemeiner Überzeugung, aber rechtlich fraglich wird diese Gebühr unabhängig davon geschuldet und entrichtet, inwieweit das fragliche Material tatsächlich benötigt oder benutzt worden ist.[38]

### 3. *Der Erwerb der Rechte an musikalischen Werkwiedergabeleistungen*

Kein Werk der Tonkunst kann über Fernsehen - wie generell - ohne die diesbezügliche Werkwiedergabeleistung hörbar vermittelt werden. Die diesbezüglichen Rechte der ausübenden Künstler sind mithin gesondert zu erwerben.[39] Dagegen sind Fernsehsenderechte des Tonträgerherstellers nicht gesondert zu beachten, weil nicht existent; seine Ausschließlichkeitsrechte beschränken sich auf die Verwertung des Tonträgers in körperlicher Form[40] und auf seinen Beteiligungsanspruch nach § 86 UrhG. Der Erwerb der Senderechte ausübender Künstler geschieht regelmäßig auf zwei unterschiedlichen Wegen: Zum einen über Sendepauschalverträge mit der Gesellschaft zur Verwertung von Leistungsschutzrechten (GVL) im Hinblick auf erschienene Tonträger (§ 76 Abs. 2 UrhG), zum anderen über individuelle oder Senderechtsverträge im Hinblick auf die nichterschienene Werkwiedergabeleistung (§ 76 Abs. 1 UrhG).

36 Abgedruckt bei Schulze, Urhebervertragsrecht, 3. Aufl. 1982, S. 993 ff.

37 Regelsammlung Kleines Recht/Fernsehen, Anlagen C. II.-IV.

38 *Deutsch,* aaO., S. 234; BGH GRUR 1965 323 - Cavalleria rusticana; s.a. BGH GRUR 1972, 141 - Konzertveranstalter.

39 Vgl. hierzu auch Zusatzvereinbarung zum Grundvertrag GEMA-Rundfunkanstalten 1959, Nr. 3 a) zu § 1 Abs. 5 Grundvertrag: »Die Rechte, die an Tonträgern gegebenenfalls von dem Hersteller oder ausübenden Künstler geltend gemacht werden könnten [!], bleiben von dem Vertrag unberührt.

40 Hierzu *Schricker/Vogel,* § 85 Rdnr. 30, 43 ff.

3.1. *Der Erwerb der Senderechte der ausübenden Künstler via Sendepauschalvertrag*

Die Nutzervereinigung Rundfunk, der die in der ARD zusammengeschlossenen Rundfunkanstalten angehören, hat mit der GVL über die Verwendung erschienener Tonträger im öffentlich-rechtlichen Fernsehen (wie im Hörfunk) einen sogenannten Tonträger-Sendevertrag[41] abgeschlossen, demzufolge die GVL die Vergütungsansprüche nach § 76 Abs.2 UrhG für die vertragsgegenständlichen Verwendungen (nämlich der Sendung und hierfür erforderliche Vervielfältigung) wahrnimmt. Die vertragsgegenständliche Verwendung umfaßt die Vervielfältigung des GVL-Repertoires ohne zeitliche Beschränkung in Eigen- und Auftragsproduktionen ebenso wie die Kabel- und Satellitenverbreitung in der Bundesrepublik.[42] Nicht eingeräumt sind die Verwendung der Tonträger für die dramaturgische Verfilmung und Verwendung in Werbesendungen.[43] Entsprechend dem Vergütungssystem der GEMA zahlen die Rundfunkanstalten eine pauschale Vergütung, die in 1992 pro vollgebührenpflichtigem Fernsehgerät in ihrem jeweiligen Sendegebiet DM 0,185 pro Jahr beträgt[44] und damit die kulturellen Belange der öffentlich-rechtlichen Sendeanstalten gemäß § 13 Abs. 3 Satz 4 UrhWG angemessen berücksichtigt. Hinzutritt die von den ARD-Werbegesellschaften zu entrichtende Vergütung, die unverändert seit 1985 0,1 % der Erlöse aus dem Verkauf von Werbezeit im Fernsehen beträgt.[45]
Gegenüber den privaten Rundfunkveranstaltern fordert die GVL seit 1989 für die Verwendung von Tonträgern mit GVL-Repertoire im Fernsehen den Abschluß eines Gesamtvertrages mit dem VPRT (früher BKS) mit der Maßgabe, daß verbandsangehörige Unternehmen 0,3 % ihrer Werbeerlöse schulden.[46] Das Schiedsstellenverfahren hierüber soll im Juni 1992 beendet sein.

41 Der geltende Pauschalvertrag läuft ab 1989.

42 Ausführlich hierzu § 2 Abs. 1 GVL-Pauschalvereinbarung.

43 § 2 Abs. 2 und 3 GVL-Pauschalvertrag mit Protokollnotiz lit c) zu Abs. 2; die Verwendung in Werbesendungen des Fernsehen sind in einem gesonderten Vertrag geregelt.

44 In 1992; für anteilige Rundfunkgebühren berechnet sich der Jahresbetrag proportional, § 3 Abs. 1.

45 Der diesbezügliche GVL-Vertrag-Werbetöchter ist nahezu inhaltsgleich mit den Verträgen GVL-ARD-Landesrundfunkanstalten.

46 Der ursprüngliche GVL-Tarif für die Verwendung von Tonträgern u.a., Bundesanzeiger 50/1984, v.1.3.1984, S. 2200, Nr. 1. b) und 2 b) ist ungültig. Zu weiteren GVL-Tarifen siehe *Hillig*, Urheberrecht, 5. Aufl., 1990, S. 237 f.

Auch hier gilt, daß mit diesen Vergütungssätzen die Verwendung von Musik in Werbespots nicht miterfaßt ist.[47]

### 3.2. *Der Erwerb der Senderechte freier Mitarbeiter*

Insoweit die ephemere Livedarbietung oder die Aufzeichnung von Interpretenleistungen zum Zwecke der fernsehmäßigen Sendung in Frage steht, erwirbt das Sendeunternehmen die diesbezüglichen Nutzungsrechte unmittelbar von dem ausübenden Künstler oder seinem Agenten.[48] Grundlage hierfür sind regelmäßig Mitwirkendenverträge, die den ausübenden Künstler auf Produktionsdauer oder auch nur für eine bestimmte Sendung verpflichten. Hinsichtlich der Übertragung der Senderechte gelten Tarifverträge, die die Rechtseinräumung zeitlich, inhaltlich und räumlich näher bestimmen.[49] Grundsätzlich gilt hierzu, daß die Einräumung der Schutzrechte an der erbrachten Leistung zu Rundfunkzwecken und außerrundfunkmäßigen Zwekken zeitlich unbefristet erfolgt. Diese Nutzungsrechte sind Dritten übertragbar; der Mitwirkende behält (gleich dem Urheber) seine Zweitverwertungsrechte und -ansprüche aus den §§ 21, 22, 27, 54 Abs.1 und 2, 76 Abs.2 und 77 UrhG zurück.[50]

## 4. *Die urheberrechtsfreie Verwendung von dramatisch-musikalischen Werken und Werkwiedergabeleistungen im Fernsehen*

Nicht jede Verwendung von Musik - dem musikalischen Werk und seiner Interpretation - im Fernsehen ist vergütungspflichtig. In den Fällen der sogenannten aktuellen Berichterstattung über Tagesereignisse dürfen auch Musikwerke, die im Verlaufe der Vorgänge, über die berichtet wird, nach § 50 UrhG in einem durch den Zweck gebotenen Umfang öffentlich wahrnehmbar gemacht werden. Das Fernsehen gehört zweifelsfrei zu den privi-

47 Vgl. insoweit analog den ungültigen GVL-Tarif für die Verwendung von Tonträgern u.a., Bundesanzeiger 50/1984, v.1.3.1984, S. 2200, Nr. 7.

48 Vgl. hierzu allgemein *Wittig-Terhardt:* Zweckübertragungstheorie und Praxis der Senderechtseinräumung im öffentlich-rechtlichen Rundfunk am Beginn der 90er Jahre, in: Festschrift für Ernst Reichardt, 1990, 245 ff.

49 Vgl. hierzu etwa den Tarifvertrag über die Mitwirkendenrechte arbeitnehmerähnlicher Personen des SWF vom 1.9.1977 und des WDR vom 19.12.1989. Für Urheber und also Komponisten gelten ähnliche Rechtseinräumungsregeln.

50 Vgl. hierzu etwa den Tarifvertrag über die Mitwirkendenrechte arbeitnehmerähnlicher Personen des SDR vom 11.2.1988, Nr. 3 und 4 sowie 5 (Weiterübertragung) und 7 (Eigene Nutzungsrechte).

legierten Medien. (In gleicher Weise ist die Berichterstattung über Tagesereignisse durch die neuen, im Sachzusammenhang mit dem Fernsehen stehenden Medien Videotext und Kabeltext usw. als Sonderformen des Fernsehens[51] in diese Ausnahmebestimmung mit einzubeziehen.[52]

Der Zweck »zur Berichterstattung über Tagesereignisse« gebietet den Umfang der gesetzlichen Verwendungsbefugnis. Nicht lediglich die Werkwiedergabe in Nachrichtensendungen (z.Bsp. Tagesschau und Tagesthemen, Heute und Heutejournal, SAT 1 News, Pro 7 Nachrichten oder RTL aktuell) ist objektiv auf Tagesereignisse ausgerichtet; auch die Übertragung von Staatsakten, Einweihungs- und Gedenkfeiern sowie Ausstellungseröffnungen sind als solche Berichterstattungen über Tagesereignisse anzusehen, bei denen die Verwendung von musikalischen Werken und Darbietungen frei ist, sofern es sich um Wahrnehmbarmachung im Rahmen der Berichterstattung, nicht um Programmübertragung im weiteren Sinne handelt.[53]

Die vorerwähnten Regelsammlungen der üblichen Vertragsabsprachen zwischen Rundfunk und Verlagen - im sogenannten Großen wie im Kleinen Recht - bestätigen die rechtseinräumungsfreie und damit kostenlose Nutzung von Teilen musikalischer Werke ausdrücklich.[54] Entsprechende Bestimmungen fehlen in den Rundfunkverträgen von GEMA und GVL mit den ARD-Anstalten wie auch in den Urheber- und Mitwirkendentarifverträgen freier Mitarbeiter. Die Geltung dieser gesetzlichen Schrankenregelung zur Verwendung von Musik im Fernsehen wird hierdurch ebensowenig in Frage gestellt wie andere Schrankenregelungen wie etwa das Zitieren von Musik im Fernsehen gemäß § 51 Nr. 2 UrhG[55]: Wenngleich der Gesetzestext das Zitatrecht nur für Sprachwerke einräumt, ist dieses Recht auch analog auf Filme[56] und insbesondere auch allgemein auf Fernsehsendungen[57] anzuwenden.

51 Vgl. *Fuhr* in Fuhr/Rudolf/Wasserburg, Recht der Neuen Medien, 1989, S. 325; *Herrmann,* FuR 1983, 136 zu Kabeltext.
52 Vgl. *Schricker/Gerstenberg,* Urheberrecht, § 50 Rdnr. 7.
53 Siehe hierzu OLG Frankfurt GRUR 1985, 380 - Operneröffnung.
54 Vgl. Regelsammlung Rundfunk/Verlage Großes Recht Regel 68.2 sowie Kleines Recht/Fernsehen (im Hinblick auf die Materialentschädigung) Regel 240.
55 Vgl. *Schricker,* § 51 Rdnr.13, 49.
56 BGH GRUR 1987, 362 - Filmzitat.
57 Vgl. LG Berlin GRUR 1978, 108; LG München FuR 1984, 475.

5. *Kino-Filmmusik und Senderecht*

Mit der Einräumung von Filmausstrahlungsrechten an Lizenzfilmen (Kinofilmen, Dokumentarfilmen und vorbestehenden Features u.a.) werden Musikrechte regelmäßig nicht mitübertragen.[58] Diese behält sich der Filmmusikurheber nahezu ausschließlich[59] zum Zwecke der Wahrnehmung über Verwertungsgesellschaften vor. Mit dem Sendepauschalvertrag der GEMA verfügen aber die Rundfunkanstalten über alle fernseh-sendemäßigen Nutzungsrechte am Gesamtrepertoire der GEMA (wie auch der GVL), weshalb insoweit eine Rechtsübertragung auch nicht erforderlich ist. Damit bestehen hinsichtlich des Senderechts an Musik keine Unterschiede zwischen Lizenzfilmen und Eigenproduktionen.[60]

6. *Musik und Videoclip im Fernsehen*

Eine Besonderheit der Verwendung von Musik im Fernsehen stellt letztlich der sogenannte Videoclip dar. Hierbei handelt es sich um tonträgerbegleitende Bildträger (»Bild- und Tonträger«), bei denen die Darbietung eines oder mehrerer Künstler ähnlich im Vordergrund steht wie bei der Übertragung von Aufführungen und Fernseh-Live-Übertragung von Darbietungen. Der Bildbestandteil ist in diesen Fällen bloße Zutat ohne Verschmelzung mit der Darbietung wie in herkömmlichen Spielfilmen. Unerheblich ist hierfür deshalb auch, ob der dazugehörende Bildteil als Filmwerk oder Laufbild zu qualifizieren ist.[61]
Die GVL nimmt die Rechte und Ansprüche wahr, die sich aus dem UrhG für ausübende Künstler, Bild- und Tonträgerhersteller, Filmhersteller und Filmurheber an Videoclips ergeben.[62] Die ARD-Landesrundfunkanstalten wie das ZDF und private Rundfunkveranstalter haben mit der GVL Verträge geschlossen, demzufolge Videoclips bis zu einer Länge von 10 Minuten pauschal den Anstalten zur beliebigen Sendung eingeräumt werden. Lediglich Unterhaltungssendungen dürfen nicht ausschließlich oder in we-

58 Vgl. z.Bsp. Vertragsmuster Fernsehlizenzvertrag für einen Film bei *Hertin:* Münchner Vertragshandbuch Bd. 3, VIII.43, § 5.
59 Vgl. hierzu § 89 Abs. 3 UrhG und *v. Hartlieb:* Handbuch des Film-, Fernseh- und Videorechts, 3. Aufl., München 1991, § 85 Rdnr. 7.
60 Siehe hierzu auch *v. Hartlieb,* aaO., § 167 Rdnr. 5.
61 *Schricker/Katzenberger,* § 92 Rdnr. 10.
62 Siehe hierzu den ursprünglichen, jetzt ungültigen GVL-Tarif für die Verwendung von Tonträgern und Bildtonträgern, Bundesanzeiger 50/1984, v.1.3.1984, S. 2200, Nr. 3 und 4 sowie 7, der ungültig ist. Ferner *Schricker/Krüger,* Vor §§ 73 ff. Rdnr. 27, 29.

sentlichen Teilen aus Ausschnitten von Videoclips mit einer Sendelänge von 45 Sekunden bestehen.
Die Vergütung für eine bundesweite Fernsehausstrahlung beträgt zur Zeit für öffentlich-rechtliche wie private Rundfunkveranstalter DM 1.400,- pro Clip bis zu einer Sendelänge von 10 Minuten; Ausschnitte sind entsprechend niedriger tarifiert. Mit den vereinbarten Vergütungen sind alle von der GVL wahrgenommenen und alle sonstigen ihr übertragenen Nutzungsrechte am Film-/Bildteil des Videoclips abgegolten.[63]

*

Der vorstehende referierende Bericht hat nach Überzeugung des Autors gezeigt, daß aus dem Medium Fernsehen die Natursprache Musica, diese rhythmische und harmonische Wiedergabe eines menschlichen Seelenvorgangs, diese absichtsvolle Organisation von Schallereignissen nicht wegzudenken ist, ohne daß der Erfolg entfiele.

63 Vgl. hierzu GVL-ARD-Vertrag vom 21.5./12.6.1984 i.d.F. der Dritten Änderungsvereinbarung.

*Günter Poll*

# Filmherstellungs- und Filmeinblendungsrecht aus der Sicht der Videoproduzenten

Aus der Sicht der Videoproduzenten kommt der Frage, ob für die Zweitauswertung von Spielfilmen auf Videokassetten neben den - von der GEMA lizenzierten - Vervielfältigungs- und Verbreitungsrechten an der Filmmusik noch ein zusätzliches (Video-) Filmherstellungsrecht erforderlich ist, weitreichende Bedeutung zu. Denn zum einen hätte dieses Erfordernis (falls es vom BGH bestätigt wird) natürlich finanzielle Konsequenzen - die Produzenten sähen sich u.U. erheblichen Nachforderungen der Musikverleger ausgesetzt - zum anderen wäre die bisherige und zukünftige Auswertung vieler Filme plötzlich rechtswidrig, an deren Rechtmäßigkeit bisher kein Zweifel bestand. Schließlich hätte dies auch Auswirkungen auf die mit der GEMA geschlossenen Verträge über den Erwerb der für die Videozweitauswertung erforderlichen Nutzungsrechte, die ein derartiges Recht weder enthalten noch vorsehen, allerdings darauf verweisen, daß die Verträge bei Anerkennung dieses Rechts durch den BGH aus wichtigem Grund gekündigt werden können.

*Worum geht es rechtsdogmatisch bei dieser Frage?*

Letztlich geht es um Inhalt und Reichweite des Filmherstellungsrechts. Der Begriff »Filmherstellungsrecht« kommt im Urheberrechtsgesetz nicht vor, sondern stammt - ebenso wie »Verfilmungsrecht« - aus der Praxis. § 88 UrhG spricht von der *Gestattung* des Urhebers eines vorbestehenden Werkes, dieses zu verfilmen und knüpft daran die Auslegungsregel, daß eine solche Gestattung den Filmproduzenten zu einer bestimmten Verwendung des Films legitimiere, nämlich der

- Kinovorführung bei für das Kino produzierten Filmen bzw.
- TV-Auswertung bei für das Fernsehen produzierten Filmen.

(Die Videoauswertung war 1965 noch unbekannt und wird daher in § 88 UrhG nicht erwähnt).

§ 88 UrhG ist mit »Recht zur Verfilmung« überschrieben, doch läßt sich daraus keine normative Rechtsfolge in dem Sinne ableiten, daß es nur ein einheitliches Verfilmungsrecht gäbe, das sowohl die Herstellung als auch die Auswertung des Films umfaßt.[1] Vielmehr geht § 88 UrhG von einem bestimmten Sachverhalt, dem Vorliegen einer Gestattung zur Verfilmung eines Werkes, aus und knüpft daran bestimmte Auslegungsregeln, die ihrerseits in zwei deutlich unterscheidbare Abschnitte getrennt sind, nämlich die Herstellung des Films unter Verwendung eines vorbestehenden Werkes einerseits (Abs. 1 Ziff. 1) und der Auswertung des so hergestellten Films andererseits (Abs. 1 Ziff. 2-5). Die Vorschrift hat daher nach allgemeiner Auffassung in erster Linie klarstellende Bedeutung; vertragliche Vereinbarungen gehen vor.[2]

Die *MUSIKVERLEGER* folgern aus dem Aufbau des § 88 UrhG, das Verfilmungsrecht bestehe aus *zwei Komponenten,* die unauflöslich miteinander verbunden seien, nämlich

1. dem Recht, das betreffende vorbestehende Werk zur Herstellung eines Films zu verwenden, sowie zugleich
2. dem Recht, den so hergestellten Film auf eine bestimmte Art auszuwerten.

Das Verfilmungsrecht hat nach dieser Auffassung gewissermaßen *»finalen«* Charakter: Verfilmung sei immer Verfilmung zu einem bestimmten Zweck. Kein Filmproduzent stelle einen Film her, um ihn einfach herzustellen (so wie ein Maler ein Bild malt, ohne daran zu denken, ob und an wen er es eventuell später verkaufen will), sondern um ihn unverzüglich nach Fertigstellung auf eine oder mehrere Art(en) auszuwerten. Die Zweckbestimmung sei dem Verfilmungsrecht wesensimmanent. § 88 UrhG wird daher folgerichtig als eine gesetzliche Ausprägung der Zweckübertragungstheorie angesehen.

Für unser Thema entscheidend ist die weitergehende These, die von den Verlegern hieraus abgeleitet wird:

Beschränkungen des Verfilmungsrechts in inhaltlicher oder zeitlicher Hinsicht seien nicht nur mit dinglicher Wirkung nach § 32 UrhG möglich, sondern bezögen sich immer sowohl auf das Herstellungsrecht als auch auf die Auswertungsrechte, d.h. auf den gesamten Regelungsbereich von § 88 UrhG. Die Zweckbestimmung des Films als Kino- oder TV-Film führe dazu, daß eine Zwecküberschreitung durch Auswertung auf eine andere Auswertungsart (z.B. Video) rechtswidrig sei und den Verleger zur Geltendmachung von Unterlassungs- und Schadensersatzansprüchen berechtige.

1 Vgl. *von Gamm,* Urheberrechtskommentar, Rdnr. 3 f zu § 88 UrhG.
2 Vgl. *Schricker/Katzenberger,* Rdnr. 5 zu § 88 UrhG.

Der Produzent beispielsweise eines in den 60er Jahren produzierten Films hat nach dieser Vorstellung zwar einen rechtmäßig hergestellten Film in der Hand, so daß die erste Komponente des Verfilmungsrechts gegeben ist. Für die Auswertung im Videobereich braucht er aber zusätzlich die zweite Komponente nämlich die *Verwendungsbefugnis* für diesen Bereich - und zwar unabhängig davon, ob er die Video-Vervielfältigungs- und Verbreitungsrechte an der Filmmusik von der GEMA erworben hat oder nicht.
Diese Verwendungsbefugnis wird rechtsdogmatisch als ein beim Verleger verbliebener (da seinerzeit nicht ausdrücklich mitübertragener) Rest des Filmherstellungsrechts gesehen. Dieses Recht könne daher durch die Filmherstellung auch nicht erschöpft werden. Im übrigen komme der Erschöpfungsgrundsatz ohnehin nur beim Verbreitungsrecht (§ 17 Abs. 2 UrhG), nicht aber beim Filmherstellungsrecht zur Anwendung, das entweder als ein selbständiges Nutzungsrecht bzw. Verwertungsrecht oder aber als Vervielfältigungs- bzw. Bearbeitungsrecht anzusehen sei.

Die *PRODUZENTEN* machen demgegenüber geltend:

Die Video-Zweitauswertung von Kino- und TV-Filmen sei lediglich Vervielfältigung und Verbreitung des Films, einschließlich der darin verwendeten Musik. Folglich bedürfe es hierfür nur der von der GEMA wahrgenommenen Vervielfältigungs- und Verbreitungsrechte. »Verfilmung« bedeute *erstmalige* Herstellung. Eine solche liege nicht vor, vielmehr werden lediglich von einem zuvor hergestellten Film weitere Werkexemplare hergestellt und verbreitet. Das von den Verlegern geltend gemachte grundlegende Recht zur Verwertung einer Kinospielfilmmusik auf Videokassetten (Video-Filmherstellungsrecht) habe im Urheberrechtsgesetz keine Grundlage.
Die Möglichkeit der *Beschränkung* des Verfilmungsrechts diene dazu, die dem Filmproduzenten eingeräumte Gestattung inhaltlich zu konkretisieren. Bei zeitlichen Beschränkungen dürfe der Film nur innerhalb der Befristung unter Verwendung des vorbestehenden Werks produziert werden; nach Ablauf der Frist könne das Verfilmungsrecht neu vergeben werden. Bei inhaltlichen Beschränkungen dürfe nur der damit beschriebene Film produziert werden; die Beschränkung erlaube die Parallelvergabe mehrerer Verfilmungsrechte, z.B. für einen Kinofilm und einen TV-Film.
Beschränkungen des Filmherstellungsrechts haben dagegen nach Auffassung der Produzenten keine Auswirkung auf die einzelnen Filmauswertungsrechte. In § 88 Abs. 1 UrhG werde eindeutig zwischen dem Recht zur Herstellung des Filmwerkes (§ 88 I 1 UrhG) und dem Recht zur Auswertung des Filmwerkes (§ 88 I 2-5 UrhG) unterschieden. Im übrigen gebe

§ 88 Abs. 1 Ziff. 2 UrhG dem Produzenten ausdrücklich das Recht zur Vervielfältigung und Verbreitung der in den Film integrierten vorbestehenden Werke und zwar - wie sich aus der Stellung vor § 88 Abs. 1 Ziff. 3-5 UrhG ergebe - unabhängig von der konkreten Nutzungsart.
Die Rückrufsmöglichkeit (Rückfall) beziehe sich auch nur auf die Verwendung eines Musikwerkes bei der erstmaligen Herstellung eines Films, nicht jedoch auf die Benutzung im Rahmen der Video-Zweitverwertung. Insoweit handele es sich um eine rein technische Übernahme, bei der kein Werk hergestellt und schon gar nicht ein Werk verfilmt, sondern nur ein fertiger Film auf ein anderes Trägermaterial überspielt (vervielfältigt) werde.
Das KAMMERGERICHT BERLIN hat in zwei Urteilen vom 28. 5. 1991[3] und vom 10. 3. 1992[4] den Standpunkt der Produzenten für zutreffend erklärt. Übereinstimmend heißt es in den Entscheidungen, die sich beide auf Musikwerke von György Ligeti und deren Verwendung in dem 1968 produzierten Science fiction Film »2001 - Odyssee im Weltraum« (Regie: Stanley Kubrick) beziehen.

> »Der Vorgang stellt sich bei natürlicher Betrachtung nicht weitergehend dar, denn als Vervielfältigung nach § 16 UrhG und Verbreitung nach § 17 UrhG.« . . . »Ein neues Werk wird nicht hergestellt.«
>
> »Mehr als die von der GEMA erlangten Rechte zur Vervielfältigung und Verbreitung benötigte die Beklagte für die Videozweitauswertung nicht . . . Die Existenz eines von der Klägerin geltend gemachten grundlegenden Video-Filmherstellungsrechts, das nicht auf die GEMA übergegangen und eigens noch zu erwerben gewesen wäre, ist . . . abzulehnen.«

In beiden Verfahren ist die Revision beim BGH anhängig.[5] Falls der BGH der Revision stattgeben sollte, ist davon auszugehen, daß die rechtsdogmatischen Kernfragen behandelt und geklärt werden. Falls die Revision zurückgewiesen wird, ist hingegen zu erwarten, daß die Begründung ähnlich schlicht ausfällt wie die des Kammergerichts. Aus der Sicht der Videoproduzenten wäre letzteres zwar vom Ergebnis her gesehen erfreulich, nur blieben dann die rechtsdogmatische Einordnung des Verfilmungs- bzw. Filmherstellungsrechts, sein Inhalt und seine Reichweite weiterhin ungeklärt, was sicher bedauerlich wäre.

3 Az: 5 U 2570/89.
4 Az: 5 U 1941/90.
5 Az: I ZR 196/91 und I ZR 119/92.

*EIGENE AUFFASSUNG:*

Eine sachgerechte Lösung setzt voraus, daß die Begriffe nicht nur rechtlich sondern zunächst von dem Sachverhalt her analysiert werden, auf den sie sich beziehen.

»Verfilmungsrecht« ist bei natürlicher Betrachtungsweise kein Rechtsbegriff im technischen Sinne, sondern ein beschreibender Begriff, der anschaulich ausdrückt, worum es geht: Die Zustimmung eines Autors (Verlegers) zur Verfilmung seines Werkes, d.h. der Umsetzung seines Werkes in eine bewegte Bildfolge mit Hilfe filmischer Gestaltungsmittel. § 88 UrhG (»Recht zur Verfilmung«) bezieht sich in erster Linie auf das Verfilmungsrecht an vorbestehende *literarischen* Werken (Roman) und eigens für einen bestimmten Film geschaffenen Sprachwerken (Drehbuch, Treatment).[6] Diese werden in der Tat *verfilmt,* d.h. in eine andere Kunstform transportiert und damit bearbeitet. § 88 UrhG hängt daher eng mit dem *Bearbeitungsrecht* (§ 23 UrhG) zusammen, worauf noch näher einzugehen ist.

Ganz anders verhält es sich - jedenfalls im Regelfall - mit der Musik: Die Gleichsetzung der Filmmusik mit den in einem Film aufgehenden literarischen Werken ist jedenfalls dann vollkommen ungerechtfertigt, wenn es sich um vorbestehende Musik, etwa einzelne Schlager, handelt, die *unverändert* in den Film-Sound-Track übernommen (eingeblendet) werden. Ähnlich wie bei vorbestehenden literarischen Werken liegt es nur dann, wenn es sich um echte Musikfilme handelt, also Filme, bei denen die Musik im Vordergrund steht. Normalerweise wird aber Musik nur zur akustischen *Untermalung* (Illustration) verwendet, und zwar entweder vorbestehende Musik oder eigens für den Film komponierte Musik. Im Gegensatz zu vorbestehenden und eigens für den Film geschaffenen Sprachwerken wird die Filmmusik aber nicht in das Medium Film transportiert sondern dem Film unterlegt, in den Film eingeblendet. Statt von Verfilmungsrecht oder Filmherstellungsrecht, sollte daher von *Filmeinblendungsrecht* gesprochen werden.[7]

§ 88 UrhG gilt zwar für alle vorbestehenden Werke, dem Unterschied zwischen Sprach- und Musikwerken muß aber auch im Rahmen dieser Vorschrift Rechnung getragen werden. Insbesondere ist die Rolle der Verwertungsgesellschaften zu beachten: Im Regelfall liegen sämtliche in § 88 UrhG aufgeführten Rechte an der Musik bei der GEMA (dies gilt jedenfalls

6 Das ergibt sich unmittelbar aus § 88 Abs. 1 Ziff. 5 (Übersetzungsrecht).

7 Sehr treffend ist die im angloamerikanischen Rechtskreis übliche Bezeichnung »synchronisation right« (kurz: »synch.right«).

uneingeschränkt für die Auswertungsrechte, nämlich Vervielfältigungs- und Verbreitungsrechte, Vorführrechte, Senderechte), während Verfilmungsrechte an Sprachwerken individuell von Autoren bzw. Verlagen vergeben werden. Aufgrund der Vorwegübertragung der Auswertungsrechte (aber auch des Filmherstellungsrechts, das unter der auflösenden Bedingung des Rückrufs übertragen wird)[8] auf die GEMA »greift« daher § 88 UrhG bei Musik überhaupt nicht. Daß dies auch schon bei Erlaß des UrhG 1965 selbstverständlich war, ergibt sich aus der *amtlichen Begründung:*

> »Im Hinblick darauf, daß die Filmkomponisten auch ihre Vorführungsrechte und Senderechte regelmäßig nicht auf den Filmhersteller übertragen, sondern durch ihre Verwertungsgesellschaft, die GEMA, gesondert wahrnehmen lassen, ist angeregt worden, für Werke der Musik die Anwendung der Auslegungsregeln in Absatz 1 Nr. 3 und 4 auszuschließen. Diesem Wunsch hat der Entwurf nicht entsprochen. Abgesehen davon, daß eine derartige Sonderregelung zugunsten einer einzelnen Gruppe von Urhebern nur schwer zu rechtfertigen sein dürfte, erscheint sie auch nicht erforderlich. *Die Fälle, in denen die Filmkomponisten ihre Rechte einer Verwertungsgesellschaft übertragen haben, werden von der Regelung ohnehin nicht erfaßt, weil hier die Rechtslage nicht zweifelhaft ist.* Soweit aber die Filmkomponisten ihre Rechte ausnahmsweise noch selbst innehaben, sind die Auslegungsvorschriften auch für Werke der Musik angebracht.«[9]

Der im letzten Satz des Zitats erwähnte Ausnahmefall braucht uns im vorliegenden Zusammenhang nicht weiter zu beschäftigen, da er in der Praxis so gut wie nie vorkommt. Filmmusiken werden in aller Regel von Komponisten geschrieben, die bereits einen bekannten Namen haben oder jedenfalls über ausreichend Kompositionserfahrung verfügen, also nicht von »Berufsanfängern«. Für die Komponisten vorbestehender Musiktitel, die in dem Soundtrack eingeblendet werden, gilt dies erst recht (vgl. den soeben erwähnten, vom KG Berlin entschiedenen Fall). Diese Komponisten und ihre Verleger sind selbstverständlich Mitglied der GEMA oder einer ausländischen Verwertungsgesellschaft.
Die Auslegungsvorschriften des § 88 Abs. 1 UrhG finden auf die von ihnen geschaffene Filmmusik keine Anwendung, weil insoweit (wie die amtliche Begründung zutreffend feststellt) die Rechtslage nicht zweifelhaft sein kann - im Gegensatz zu sonstigen vorbestehenden Werken: Bei literarischen Wer-

8 Nach den älteren Fassungen des GEMA-Berechtigungsvertrages war eine Rückübertragung des Filmherstellungsrechts vorgesehen, vgl. dazu eingehend *Schwarz/Schwarz* ZUM 1988, 429 ff. und *Joch,* Ufita 77, 131 ff.

9 Amtl. Begr. BT-Drucks. IV/270 S. 99 = Ufita 45, 240/317 (Hervorhebung hinzugefügt).

ken, die verfilmt oder sonst als Vorlage in einem Film benutzt werden, besteht nur *ein* Vertrag zwischen Autor (Verlag) und Filmproduzent (Stoffrechtevertrag, Drehbuchvertrag), in dem ersterer letzterem neben dem Filmherstellungsrecht (Verfilmungsrecht) in der Regel auch bestimmte Auswertungsrechte einräumt. Falls dies versäumt wurde oder in sonstigen, die Auswertung betreffenden Zweifelsfällen, bedarf es einer Auslegungsregel, die die Rechte der Vertragsparteien gegeneinander abgrenzt. Nach der Zweckübertragungstheorie (§ 31 Abs. 5 UrhG) ist diese Abgrenzung im Zweifel zugunsten des Urhebers vorzunehmen. § 88 Abs. 1 UrhG übernimmt diesen Grundsatz und formt ihn - bezogen auf die Frage, ob ein Kinofilm auch im Fernsehen ausgewertet werden darf und umgekehrt - besonders aus, obwohl sich die Antwort, daß dies im Zweifel nicht zulässig ist, bereits aus § 31 Abs. 5 UrhG ergibt.[10]
Bei der Musik besteht eine vollkommen andere Situation, weil hier zwischen Rechteinhaber und Filmproduzent nicht nur ein Vertrag, sondern immer zumindest *zwei* Verträge geschlossen werden, nämlich der die Filmeinblendung betreffende Vertrag mit dem Komponist bzw. Verlag und der die Auswertung der Musik im Film betreffende(n) Vertrag (Verträge) mit der GEMA.[11] Wird beispielsweise ein ursprünglich für das Kino produzierter Film später im Fernsehen gezeigt, so ist die Produktion als solche durch den »Verfilmungsvertrag« und die TV-Sendung durch den zwischen GEMA und Fernsehanstalt bestehenden Senderechtsvertrag gedeckt. Nicht anders verhält es sich bei der Videoauswertung eines ursprünglich für das Kino und/oder Fernsehen produzierten Films. Die Videoauswertungsrechte (Vervielfältigungs- und Verbreitungsrecht) hat der Komponist bzw. Verleger der GEMA eingeräumt, damit diese sie für die Auswertung des Films auf Videogrammen lizenzieren kann. Ist diese Lizenzierung erfolgt, kann in der Tat die Rechtslage nicht zweifelhaft sein.

*Zwischenergebnis:*

Für die Anwendung der Zweckübertragungstheorie und der daraus abgeleiteten Auslegungsregeln des § 88 Abs. 1 UrhG ist kein Platz, wenn und soweit die Auswertungsrechte vom Berechtigten der GEMA und von dieser

10 Vgl. *Schricker/Katzenberger,* Rdnr. 3 zu § 88 UrhG m.w.N.
11 Zutreffend betont der BGH in GRUR 1977, 42/44, daß beide Vertragswerke »im Zusammenhang gesehen werden müssen«.

dem Videoproduzenten eingeräumt worden sind.[12] § 88 UrhG ist hinsichtlich der Filmmusik redundant, d.h. ohne eigenständige Bedeutung.

Hinzu kommt folgender, häufig übersehener Aspekt:

Das Verfilmungs- bzw. Filmherstellungsrecht des § 88 Abs. 1 Nr. 1 UrhG ist kein eigenständiges Verwertungsrecht,[13] sondern knüpft an eine zeitlich vorausgehende *Gestattung* des Urhebers (Verlegers) an, das vorbestehende Werk »unverändert oder unter Bearbeitung oder Umgestaltung zur Herstellung eines Filmwerkes zu nutzen«. Liegt eine solche Gestattung nicht vor, findet § 88 UrhG insgesamt keine Anwendung.[14] Wenn nun vorbestehende Musik für einen Film bearbeitet wird, ist schon nach § 23 S. 2 UrhG hierfür die Einwilligung des Rechteinhabers erforderlich. Sinngemäß entspricht die in § 88 Abs. 1 UrhG vorausgesetzte Gestattung dieser Einwilligung. Die Verweisung auf § 23 S. 2 UrhG ist m.E. also in § 88 Abs. 1 UrhG hineinzulesen. Nach ganz h.M. liegt in der Einwilligung nach § 23 S. 2 UrhG in aller Regel die vertragliche Einräumung gegenständlicher Nutzungsrechte am bearbeiteten Werk, inhaltlich beschränkt auf die Bearbeitung oder andere Umgestaltung des Werks,[15] und nicht nur eine schlichte Einwilligung nach § 183 BGB.[16]

Zumindest in diesen Fällen ist die in § 88 vorausgesetzte Gestattung mit der Einwilligung nach § 23 S. 2 UrhG identisch.

Wenn vorbestehende Musik unverändert in einem Film-Soundtrack übernommen wird, liegt zwar keine echte Bearbeitung vor, aber es läßt sich sicher vertreten, diesen Fall analog der Bearbeitung zu behandeln.[17] Denn im einen wie im anderen Fall ist die Einwilligung des Rechteinhabers deshalb erforderlich, weil

a) jedenfalls eine *Werkverbindung* i.S.v. § 9 UrhG, d.h. eine Verbindung mehrerer selbständiger Werke zur gemeinsamen Verwertung vorliegt,[18] wodurch eine BGB-Gesellschaft mit besonderen Treue- und Sorgfaltspflichten entsteht;
b) darüberhinaus das *Urheberpersönlichkeitsrecht* ebenso wie bei einer Bearbeitung betroffen sein kann (Beispiel: Verwendung von »Also sprach Zarathustra« für einen Pornofilm);

12 Dies folgt schon daraus, daß § 88 UrhG gegenüber vertraglichen Regelungen subsidiär ist (Fußnote 2).
13 So ist amtl. Begr. BT-Drucks. IV/270 S. 46 = Ufita 45, 240/261.
14 *Schricker/Katzenberger,* Rdnr. 24 zu § 88 UrhG.
15 Vgl. *Schricker/Löwenheim,* Rdnr. 27 zu § 23 UrhG und LG München vom 29. 4. 1992 in ›Medien und Recht‹ 1992, 128/129.
16 Soweit ersichtlich nur *Fromm-Nordemann,* 7. Aufl. Rdnr. 3 zu § 23 UrhG.
17 *Hubmann,* 5. Aufl. §§ 16 II 4, 27 II 4; KG GRUR 1984, 507/508.
18 *v. Gamm,* Rdnr. 3 zu § 9, Rdnr. 3 zu § 89 UrhG; *Fromm-Nordemann,* Rdnr. 1 zu § 89 UrhG; KG in Schulze KGZ 57, 6; a.A. wohl *Schricker/Katzenberger,* Rdnr. 64 vor §§ 88 UrhG ff.

c) in der Regel auch ein Vervielfältigungsvorgang, also ein Eingriff in das Vervielfältigungsrecht vorliegt.

Daß das Verfilmungsrecht bzw. das Filmherstellungsrecht auch bei unveränderter Übernahme vorbestehender Werke nicht identisch mit dem Vervielfältigungsrecht ist, sondern - wegen des persönlichkeitsrechtlichen Aspekts - im vorliegenden Zusammenhang darüber hinausgeht, ergibt sich schon aus dem Wortlaut von § 88 UrhG, der im Abs. 1 Ziff. 1 und Ziff. 2 zwischen diesen beiden Rechten unterscheidet. Es ist also m.E. zu kurz gegriffen, wenn von den meisten Kommentatoren dieser Fall mit einer bloßen Inanspruchnahme des Vervielfältigungsrechts gleichgesetzt wird.[19] Entscheidend ist vielmehr der Aspekt der *Werkverbindung,*[20] i.d.R. kombiniert mit einer mehr oder weniger weitgehenden *Bearbeitung,* die ihrerseits nur mit Einwilligung des Rechteinhabers zulässig ist (§ 23 S. 2 UrhG). Das Verfilmungsrecht ist daher m.E. als eine *Gestattung der Werkverbindung* unter gleichzeitiger Bearbeitung des vorbestehenden Werks *auf persönlichkeitsrechtlicher Grundlage* (Verzicht auf persönlichkeitsrechtliche Unterlassungsansprüche) zu verstehen. Hierbei steht mal der Aspekt der Werkverbindung und mal der Aspekt der Bearbeitung im Vordergrund. Der Vervielfältigungsvorgang hat demgegenüber eine untergeordnete Bedeutung.

Wenn schon (unzutreffenderweise) vorbestehende Musik und deren »Verfilmung« (in Wirklichkeit *Einblendung* in den Film) mit der echten Verfilmung eines literarischen Werkes auf eine Stufe gestellt, d.h. unter § 88 UrhG subsumiert wird, darf m.E. nicht übersehen werden, daß letzteres immer eine Bearbeitung ist.[21] Die nach § 23 S. 2 UrhG hierfür erforderliche Einwilligung des Rechteinhabers des bearbeiteten Werkes ist daher der *eigentliche Kern* des Verfilmungsrechts.[22] Bei vorbestehenden literarischen Werken, die praktisch im Filmwerk aufgehen, damit verschmelzen, spielt logischerweise der Aspekt der Werkverbindung keine große Rolle ( da Verfilmung eben wesentlich mehr ist als Verbindung), während bei der Filmeinblendung vorbestehender musikalischer Werke Bearbeitung und Werkverbindung gemeinsam zu sehen sind.

19 Vgl. statt aller *Schricker/Katzenberger,* Rdnr. 24 vor §§ 88 UrhG ff. m.w.N.

20 Nach Auffassung von *Schricker/Löwenheim,* Rdnr. 4 zu § 9 ist die Werkverbindung von Fällen - wie dem vorliegenden - zu unterscheiden, in denen Nutzungsrechte eingeräumt werden. Das trifft sicher zu. Nicht nachvollziehbar ist aber, weshalb bei Vorliegen einer Nutzungsrechtseinräumung zwangsläufig eine Werkverbindung ausscheiden soll. § 9 UrhG läßt sich nichts für diese Auffassung entnehmen.

21 So bereits § 12 Abs. 2 Nr. 6 LUG.

22 Dies läßt sich bereits der amtl. Begr. entnehmen (BT-Drucks. IV/270), S. 46.

Wird von diesem »Filmeinblendungsrecht« Gebrauch gemacht, ist es *verbraucht* (erschöpft). Dies hat rechtsdogmatisch nichts mit dem Erschöpfungsgrundsatz i.S.v. § 17 Abs. 2 UrhG, sondern mit dem Grundsatz, daß eine Gestattung durch Ausübung des darin gewährten Rechts verbraucht ist, zu tun. Sonst müßte man annehmen, daß das Verfilmungsrecht nicht nur für einen, sondern für mehrere Filme gelten soll. Das ist aber bisher von niemand vertreten worden.

*ERGEBNIS*

1. Zwischen dem Verfilmungs- bzw. Filmherstellungsrecht (bei der Musik: Filmeinblendungsrecht) einerseits und den Filmauswertungsrechten andererseits ist deutlich zu trennen.[23] Eine Nutzung des ersteren erfolgt bei der Filmauswertung nicht, so daß auch der Umfang der Filmauswertung nicht von eventuellen Beschränkungen des Filmherstellungsrechts abhängen kann.

2. Für die Videoauswertung von Filmen ist der Erwerb des Filmeinblendungsrechts an der Musik nur dann erforderlich, wenn es um die originäre Herstellung einer Videoproduktion geht, nicht dagegen dann, wenn ein bereits hergestellter Kino- oder Fernsehfilm nachträglich im Wege der Videozweitverwertung ausgewertet werden soll.

23 So auch die Rspr., zuletzt BGH ZUM 88, 241 ff. (»GEMA-Vermutung IV«), wo deutlich zwischen Filmherstellungs- und Videoauswertungsrechten getrennt wird; vgl. auch BGH GRUR 76, 382 ff. (»Kaviar«).

# Die Autoren

Staatssekretär *Johann Böhm,* Leiter der Bayerischen Staatskanzlei, München

Prof. Dr. *Norbert Jürgen Schneider,* Komponist, Hochschule für Musik, München

Dr. *Rolf Moser,* Geschäftsführer der BavariaSonor Musikverlag und Merchandising GmbH, München

*Wolfgang Mewes,* Geschäftsführer und Prokurist, Musikverlag Melodie der Welt, Frankfurt

Prof. Dr. *Jürgen Becker,* Chefsyndikus der GEMA, Mitglied des Vorstands des Instituts für Urheber- und Medienrecht, München

Dr. *Burkhard Rochlitz,* Rechtsanwalt in Hamburg, Syndikus der Polygram GmbH

Rechtsanwalt Dr. *Norbert P. Flechsig,* Justitiariat Süddeutscher Rundfunk, Stuttgart

Rechtsanwalt Dr. *Günter Poll,* München